書山有路勤為徑

學海無崖苦作舟

文經閣

書山有路勤為徑

學海無崖苦作舟

文經閣

看得開，放得下。

本煥長老最後的開示

人世浮華，放得下，才看得開寵辱得失；
放得下，才有豐饒的智慧，才能於轉念間遇見幸福。

本煥長老一生法語
精華珍藏本

唯一
珍藏本

淨因 著

放不下的是什麼呢？

是一個「我」字。「我」的家庭、「我」的妻子、「我」的兒女……什麼都是「我」，全部都是為了「我」，我們大家都死死抱著這個「我」，放不下這個「我」。能夠放得下，才能提得起。

——本煥長老

世壽106，修行80餘載
弘道傳法20餘國，皈依弟子200餘萬

序一

本煥長老一生信仰彌堅，為法忘軀，發大慈悲，具大智慧，接引眾生無數，重興寺院十餘座，為我國的佛教復興作出了重大的貢獻。我與本煥長老相識幾十年，長期交往使我對本煥長老的德行與修為有很深的印象，對他的慈悲與大願深為膺服。

——一誠長老（中國佛教協會名譽會長）

道高德重，見乎眾望。

——趙朴初（原中國佛教協會會長）

悲懷念念系蒼生，救難扶貧事事親。誰說佛門逃世外，名山開創是僧人。

——淨慧長老（本煥長老師弟，中國佛教協會副會長）

長老的歸去，恰如一朵蓮花謝去，留下了飽滿的蓮蓬；長老的歸去，恰如一場生命的突圍，實踐著生命的自由，命運的光輝，佛法的震撼。

——延參法師（河北省佛教協會副會長）

本煥大師待人真誠，平易近人，其威信自在民間，這就是真正的高人之為，慈祥之態本應該就是僧人之貌，而非市儈和一副商人嘴臉。

——陳銘龍（2010年中國十大直言君子之一）

有一種人生叫風雨，有一種人生叫坦然，有一種人生叫真誠，一百年的跋涉，實踐了一個美好的圓滿。

——微博網友

序二 人生要無礙地行走

「生死只是一念之間的事，你連這一關都過不了，出家幹嘛？」這是本煥長老圓寂前對衣缽傳人印順大和尚的最後開示。

106歲高壽的本煥長老，在清明節前安詳化歸而去，放下生死塵勞，了無牽掛。他用一生帶世人走了一整個世紀——刺血寫經、燃臂孝母；忘身求法、建寺安僧；弘法利生、行願大千。他用一個世紀的時光行走，將佛的慈悲灑遍世界。

長老童年喪父，家境貧苦，自小辛苦料理農務，長大後又為了生活背井離鄉，出家後不久即逢戰亂，且遭喪母之痛，後來更是歷經二十多年牢獄生涯，及至出獄，他已是古稀之年——如此坎坷多舛的際運，在一位百歲老人身上並不顯山露水，只是悄然沉澱為一種並不耀眼的光芒。一切磨難，只如白水飲下；百年時光，只洗淨滄桑鉛華，這位不改天真赤子之心的高僧，仍舊虔誠如初，歡喜如初。

古人云：「大德必壽。」本煥長老的長壽秘訣不僅僅是素食養身、規律生活，更是不懼年高的勇氣，篤定淡然的生活態度，開朗寬闊的心胸，以及不失童心的本真天性。

人們總以為，大德高僧與尋常人的生活離得很遠，他們以成佛為目標，苦修苦行，持戒誦經；而世間大多數人則吃喝拉撒，行坐住臥，上班下班，戀愛分手。

但是，他們又與世間貼得很近：塵世喧囂，如何安心？世界浮躁，如何靜定？生活的節奏那麼快，煩惱那麼多，如何解脫？對待名利財富，如何看淡、善用？對待生死，如何超脫？這些困擾尋常人生的問題，在佛清淨從容的智慧中，都會有一個答案。

在本煥長老那裡，這個答案只有簡單的三個字：「放得下。」

他曾說：「能夠放得下來，才能提得起。」「放下」和「提起」，在長老的一生中，從來都不是對立的。正如長老圓寂前，既開示弟子要放下生死，又留下修建四座寺廟的遺願——一邊是放下，一邊是提起，兩邊皆是歡喜。

在高旻（旻ㄇㄧㄣˊ）寺修行時，本煥長老曾坐九十一天不倒單，為的是苦修以達開悟。寺中方丈來果老和尚被他的赤誠佛心打動，要提升他為寺中最年輕的執事，本煥卻放棄了這次機會，選擇千里叩拜五臺山，進一步磨練自己。本煥長老留下的文字不多，口頭上的開示也不多，因為「行願大千」，只在於「行」。用不著長篇大論，只需一舉一動，便步步蓮花生。

什麼該毫不猶豫地放下，什麼又該勇敢地提起，長老心中一直都有一盞燈，光芒萬丈，照亮腳下，照破人心的執著。

放得下的是「我」，是名聞利養，是計較，是生死；放不下的是眾生，是慈悲，是結緣，是行走。

長老一生救人、助人、度人、成人無數，功德無限，但他放下了功德；他苦行終生，修為深厚，被譽為佛門泰斗，但他放下了榮譽；他以百歲高齡，每日端坐斗室數小時，接待數萬信眾，卻從不以其為苦；他行走於世，遭遇磨難，經歷坎坷，卻矢志不渝，將佛教振興於當代，使之成為數百萬人的人生指引和心靈慰藉。

提起與放下的智慧，簡單而深沉。人生之難，不在於時日的短暫，也不在於生活的艱難或心靈的痛苦，而在於我們沒有找到那條無礙行走的路。促人成長的磨練，催人奮進的精進心，與人為善的利他心，提不起；容易變質的快樂，起伏不定的得失，害人害己的貪欲，卻徒然放不下——如此人生，自然苦上加苦。

若能無礙行走，心甘情願地放下，坦蕩勇敢地提起，那麼，無論喝茶吃飯、工作睡覺、待人接物，都能保持恬淡安然的態度，使名不入心，利不入眼；成不失謙和，敗不失從容。

佛心可以無處不在，也可以淡然無痕。佛陀為度眾生，說法幾十年，但最後他卻告訴自己的弟子，他什麼也沒說。因為說得再多，也無法代替誰得道成佛。

好比我們煩惱痛苦時，希望捧讀、聆聽本煥長老的開示，從他行雲流水般的智慧中拾起禪機，頓悟當下苦樂，卻只聽到長老朗聲說：「各人吃飯各人飽，各人生死各人了。」

當人們在本煥長老諄諄的教誨中謙遜地低下頭，在他慈悲行願的足跡前景仰讚嘆時，長老卻告訴眾人不要執著於別人的言語、別人的生活，而要調轉目光，去看自己的足跡，然後拋開自私、懈怠、傲慢、欲望，活出真誠、坦蕩、謙和、慈悲——這便是本煥長老沉澱百年的人生智慧。

一路行，一路愛——本煥長老小傳

2012年清明時節，中國佛教協會名譽會長、當代佛教界德高望重的本煥長老悄然離世，世壽106歲。眾生大多懼怕生死，而本煥長老在禪中修行，在修行中釋然，反而對死亡生出一種親切感，認為死不過是回家，是佛陀招他去做伴了。

本是浮華塵世中的禪學大師微笑著對世人說一句：「我將要到那裡去了。」那裡是一個陽光溫柔、白蓮盛開的地方。在本煥長老看來，離開現世的陽光，不過是為了嗅另一個世界的芬芳，自己將要去一個美麗的國度，留下來的東西不必花俏，反而是真實、簡單點好。

因此，圓寂前本煥長老親自修改悼詞，刪去其中的溢美之詞，弟子問他為什麼？他說：「不要念過多的溢美之詞，不要那些花裡胡哨的東西，就叫我一個修行人，一輩子老老實實做事就好。」這個自稱小和尚的老和尚，生來平凡、質樸，再怎麼美飾，總歸超不過一身袈裟、一心慈悲，所以何必要那些空的讚美？僧臘八十餘載，「老老實實做事的修行人」才是他最樂於接受的讚美。

當年，在湖北武漢新洲出生的本煥長老，沒有顯赫的家族背景，沒有殷實的家底，父親是莊

稼漢，母親是大家閨秀，但骨子裡都是不求富貴但求平安的老實人。父親給他取名志山，希望他能有志如山。幼年的張志山不負父親期望，不僅天生靈性過人，還踏實肯學，此外，受母親信佛的影響，志山心地極為善良，如此三方面綜合，志山自然在學館裡深得老師的青睞。

可是命運弄人，志山沒能正常地修成學業，在他十二歲的時候，父親因積勞成疾先家人而去。本來就不富裕的家庭，因為父親的離世變得更加拮据，捉襟見肘，無奈之下，志山不得不從學館輟學，開始在田壟地間幫母親操持家務。二十歲的時候出離家門，和自己的兄長外出賺錢貼補家用。

異鄉異客，張志山把社會的動盪、民間的疾苦看在眼裡，漸生脫俗之念。後來機緣巧合，他來到坐落於青龍山的報恩寺，巧遇老僧璜定，落定出家之心。1930年拜別母親，前往報恩寺出家，師從傳聖法師。傳聖法師親自為他剃度，賜法號「本幻」，取意「本來自性常清淨，幻化空身即法身」。同一年，悟性超凡的本幻被推薦到武昌南麓寶通寺受戒，跟隨近代高僧持松法師研習佛法，從此清淨自修，廣利在情，成為一個真正的僧人。之後不久，本幻又追隨來果和尚，到高旻寺修習。

高旻寺像一個嬰兒一般被青山綠水攬在中央，靜謐秀美。在如此安靜的環境中，本幻將心安住，跟隨來果和尚研習佛法。因為來果和尚與同為高僧的虛雲和尚交往甚密，所以和虛雲碰面、聆聽佛法傳授，對本幻來說再平常不過。加上本幻悟性高、心性安然，兩位高僧對這個年輕人也是讚賞有加。

來果和尚主張安心打禪，一心開悟，毋寧餓死，也不應酬。所以在師從來果的日子裡，本幻未曾踏出過寺門。期間，在來果的支持引導下，本幻連打八個禪七，自認為未能開悟，又跪求來果再允他打五個「生死七」。所謂生死七，即是除非開悟，否則到死也不起身的意思。來果和尚為本幻的執著佛心打動，便應允下來。

一個七日接著另一個七日，前前後後九十一天，本幻靜思打坐，不睡不倒。為了避免自己倒下前功盡棄，他還仿效古人「頭懸樑」，用繩子套於下巴繫在樑上，苦修禪法，終得開悟。晚年時有人向本煥長老問起這件事，讚嘆他的堅持，可是本煥長老不過淡淡地說一句：「都是人為的。」所謂事在人為，「自己的世界自己做主」這是本煥長老留下來的一份鄭重。

經過這件事情，來果對本幻的赤誠佛心默默頷首，提升他做維那（佛寺中一種僧職。管理僧眾事務，位次於上座、寺主）、後堂（禪堂中原分為前堂後堂，總負其責的稱首座，或前堂首座；於是分任後堂責任的稱後堂首座，或簡稱後堂），成為高旻寺最年輕的執事。但是本幻志在求佛問道，了生脫死，不想為寺務糾纏，打算離開高旻寺。

有人勸他，來果、虛雲是當世兩大高僧，能留在他們身邊聽受佛家花雨，即是幸運，世間還有什麼地方能在這一點上勝過高旻寺呢？

本幻回答：「修法求道，不但要精進還要踐行，當年虛雲老和尚發願行數千里叩拜五臺山道場，三步一叩首，九步一參拜，三年世間，九死一生，終得佛心。為修佛性，不苦修自己，不發菩提心，怎能發願救人呢？所以，我要效仿高僧大德，從踐行上下工夫，朝拜五臺山。」

來果和尚得知本幻的打算後，並沒有加以阻攔，反而鼓勵他。本幻拜別師父後，從河北保定起程，三步一拜，風雨兼程，歷時四個半月到達五臺山，隨後又歷時三個多月三步一拜朝完五個台頂，雖然膝腳腫痛依舊滿心歡喜。

此後，本幻落腳於五臺山碧山寺，於1939年接廣慧老和尚的法，繼承臨濟法派，續佛慧命。抗日戰爭時期，本幻在五臺山棲賢寺閉關三年，為超度抗日陣亡將士，繼五臺山朝拜後發第二大願：願刺血寫經，祈福蒼生。

寫經期間，本幻刺指、舌之血，先後謄錄《楞嚴經》十卷、《地藏經》三卷、《金剛經》、《普賢行願品》、《文殊師利法王子經》等共二十卷。極弱須彌，震動禪林。20世紀40年代末，本幻為護佛經，離開苦修十年之久的碧山寺，趕往上海普濟寺。至此，本幻離開家鄉已近二十個年頭了。

朝拜、刺血抄經這般消耗體力、心力的苦修，昔年釋迦牟尼做過，一些有大修為、大功德的禪師辦到過，於一般人而言自是難以親受。當人們稱讚本煥長老的堅韌時，他說：「我們要想成佛，就要像釋迦牟尼佛一樣吃苦耐勞，堅韌不拔地修行。」

對於有心向佛靜修的人來說，修行的過程就是不斷經歷苦難、痛苦的過程。繼五臺山朝拜、刺血抄經之後，本幻又遭遇了母親彭氏的病危。當時，家人送來急信，要離家近二十年的本幻回家，見母親最後一面。返回家鄉後，他借宿報恩寺夏安居，每天悉心照料母親。母親油盡燈枯之時，本幻因不能在母親近前行孝而心痛不已，於是再次發願，燃臂孝母。

這一天，本幻撚攏三根燈芯草，沾油點燃後，置於裸露的臂膀之上，以臂為燭，以肉為燈，日夜誦《地藏菩薩本願經》守孝四十九天。

孝滿後，虛雲和尚來信邀本幻至南華寺。時年，虛雲已過茶壽（自古以來，老人長壽都有雅稱。具體地說：60歲稱為花甲之年、耳順之年、還鄉之年；70歲稱為古稀之年、懸車之年，杖國之年；80、90歲稱為朝杖之年、耄耋之年；壽得3位數100歲的稱為期頤之年。人們為長壽老人祝壽，還有喜、米、白、茶壽之說：喜壽指77歲，草書喜字看似七十七。米壽指88歲，因米字看似八十八。白壽指99歲，百字少一橫為白字。茶壽指108歲，茶字的草頭代表二十，下面有八和十，一撇一捺又是一個八，加在一起就是108歲。），找本幻過來是要將南華寺的事務交付給他。自此本幻接法於虛雲宗下，成為臨濟宗第四十四代傳人。同時虛雲老和尚將「本幻」之「幻」字改為「煥」，示意光耀煥發六祖門庭。

20世紀50年代至80年代初期，本煥長老受冤入獄，前前後後二十餘載，被禁在冰冷的鐵窗內。但佛在心間，處處皆是道場，本煥長老雖身陷囹圄，卻照常讀經、參禪，以一顆歡喜心度蒙塵光陰。

等告別鐵窗時，他已是年過古稀的老人，陽光重新照在他身上，白髮反射出潔白的光。這光像白蓮芬芳，雖根在泥濘中，香中卻不帶絲毫塵埃氣。本煥長老心中悅納滄桑，依舊能滿心慈悲地向世眾散播愛，這就是所謂的佛心。就像他自己曾經說過的，「我雖是一出家人，但首先是一個公民，國家的興衰，人民的疾苦，不管大小，我都有一份責任。」在生命最後三十年的歲月裡，本煥長老憂國憂民，把十方的供養積聚起來，創辦「弘法基金會」，恢復、興修十幾座寺廟，在自己的家鄉捐建醫院和學校，資助敬老院。

在各方遇有災難的時候，非典時期、南方水災、雪災時期，本煥長老無不散財捐款。他說自己的願力是「不為自己求安樂，但願眾生得離苦」「沒有眾生，一切菩薩都不能成佛」，所以他必須心心念著人們，不能眼看著人們受苦。

在教育方面，本煥長老主持的弘法寺出資一百萬元設「本煥人文獎學金」資助深圳大學學子。但這個獎學金和大多數獎學金不同的是，它不僅考量候選人的學習成績，還要參考候選人的公益活動情況。

基於本煥長老的善心、善舉，中央、地方政府多次授予他「鵬城慈善突出貢獻個人獎」，以表達對他慈悲心的敬佩和感激。其實，本煥長老不僅在國內積極奔走，煥揚慈悲，還多次出訪澳大利亞、泰國、德國、丹麥、荷蘭、義大利等國，在國際上享有很高的聲譽。

儘管本煥長老頗負盛名，但在生活中他是一個追求簡單、勤儉生活的普通人。他的弟子印順法師曾說：「師父的菜譜根本稱不上是菜譜，一清粥、一小菜罷了。他從不浪費，哪怕一滴水、一片紙都要省著用。」誠如印順法師所言，本煥長老在生活中洗臉水倒多了，他會對侍者說，下輩子讓他生到沒有水的地方，他的一張餐巾紙要分成三片來用。

然而，這樣一個在佛學事業上有造詣、有善舉的人，一個在生活中勤儉知足的人，終究還是要被佛陀招去。本煥長老生前曾告訴弟子「眼裡要有大眾的影子，耳裡要有大眾的聲音，心裡要有大眾的功德，身上要有大眾的恩惠」。在他看來，即便是佛陀的智慧也是修來的，他希望「大家利益眾生，種金剛菩提種子，好好發心，好好修，多修多得，少修少得，不修就沒得」。這樣一個心念眾生、心念佛法的人，一生不忘利益後世。

在生命的最後一刻，他對自己的弟子說：「我要走了，對所有的事情做一個交接，現在我手上還剩6千多萬元，1千萬給大洪山，1千萬給新洲報恩寺，300萬給大乘寺掃尾工程，其餘剩下的錢用來修深圳的萬福寺。這些錢修這四座寺廟遠遠不夠，你們大家要幫助印順完成我這四個心願。你們幫助印順，就是幫助我。」

本煥長老「回家」前修得禪心、禪身，沒有帶走

一金一銀，一名一利，留下的卻是世間花雨紛紛，一生清明任人評說。如此，佛家人才說，禪是花花世界中的一株白蓮，開在碧潭，靜寂無聲卻令世人心馳嚮往；開在鬧市，喧囂鼎沸中獨具十足的恬淡風光。修禪不必成佛，但涵養一顆清淨淡然的心，目光交匯之處盡是澄明閒雅的心光，如禪之一瞥，眾生皆得大自在；揮灑一腔自度度人的豪情，浮晃交錯間盡是佛光的悲憫與智慧，如禪之一味，於萬般曼妙中盡展個中風情。

目 contents 錄

目 contents 錄

目 contents 錄

心量寬大，放得下則智慧豐饒

刀耕火種是良方，秋到家家晚稻香；
放不下時擔取去，何如福田待來春。

——明．憨山德清

人世浮華，放得下，才看得開寵辱得失；放得下，才有豐饒的智慧，才能於轉念間遇見幸福。愚者總以為幸福在遙遠的彼岸，聰明者卻懂得將周遭的事物培育成幸福。今日不執著，明日才不會後悔。不妨放下心中的負累，以平常心對待一切，隨緣任運，不執著，不強求，不貪戀，過一場寬懷人生。

放得下來，才能提得起

本煥長老在一次採訪中談到「放下」，他說：「既然放不下，也就提不起；能夠放得下來，才能提得起。」

「放下」二字，諸多禪味。佛在世的時候，有個弟子拿著鮮花來供養佛。佛叫他把花放下，他就把花放下了。佛又叫他把身放下，他卻不知道怎麼放。佛再叫他把心放下，他一下子就開悟了。可見所謂「放下」，不是指放下實實在在的外物，而是放下心頭的罣礙。「若無閒事掛心頭，便是人間好時節」。聖嚴法師也說：「禪的最高境界，緣於『放下』。」參禪不是為了得到什麼，而是為了學會放棄，學會清空自己的擁有。

杯子空了，才能裝水；雙手空了，才能拾起新的幸福；行囊空了，才能收穫更多——這些道理，人人都懂，卻並非人人都會去做。在長老看來，大多數人都很難真正做到放下。人總是一味地想要得到，而不肯捨棄，這種想法便是執著。在一次開示中，長老講了一則公案：

過去有個叫金碧峰的祖師，他工夫用得很好。閻王派小鬼來捉拿他，那小鬼到處找，找來找去找不到，就找到他的弟子，問：「你師父跑到哪兒去了？」

那弟子說：「你要找到他，只要把他最喜愛的那個金缽敲幾下，就找到他了。」

小鬼聽完以後，就把金碧峰的金缽敲了幾下，金碧峰祖師果然出現了，於是小鬼就把他捉住了。金碧峰祖師問：「為什麼要抓我？」

小鬼回答說：「閻王要你去。」

金碧峰祖師就說：「請個假好不好？過七天以後我再去，我說話算數。」

小鬼不同意，他就再三請求，最後小鬼說：「好了，就讓你七天。」小鬼走後，金碧峰祖師心想：原來閻王爺來抓我，就是因為我放不下這個金缽，現在我就把它砸掉。

之後，他就打一坐，入定了。小鬼再來找，哪兒都找不到，又去找金缽，金缽也沒有了。這時，金碧峰祖師在虛空中說：「小鬼拿我金碧峰，除非鐵鍊鎖虛空。鐵鍊鎖得虛空住，方能拿我金碧峰。」

小鬼跑回去跟閻王講，閻王聽了很高興，說：「恭喜他，恭喜他。」

這個放不下的「金缽」就是執著。人若有執著，若內心有放不下的東西，就很難騰出心力處理其他事。放不下過去，就很難重新開始；放不下欲望，就容易為外物所縛；放不下名利心、是非心、得失心、執著心，就會拖累前行的腳步。而本煥長老屢次開示眾人要放得下，便是為了讓人能夠提得起。

人可以分為三類：第一類，提不起，放不下；第二類，提得起，放不下；第三類，提得起，放得下。

第一類人只懂享受，卻從不承擔，內心也放不下對功名利祿的追求。

第二類人有擔當，有責任心，而且往往目標明確，會一直憑藉著自己的能力向上攀登，而一旦有所獲時卻捨不得放下，只會拖著越來越重的行囊艱難上路。

第三類人有理想、有魄力、有擔當，也懂得時時清空自己的行李，輕裝上路。有了名聲、財富、成就而不入心，隨時隨地能夠放下；悲傷、痛苦的事情過去了，就不再耿耿於懷；不被已擁有的東西牽絆住腳步——要做到這些並不容易。

一個背著大包裹的旅行者千里迢迢跑來找無際大師，他訴苦道：「大師，長期的跋涉使我疲倦到極點，我的鞋子破了，荊棘割破雙腳，手也受傷了，流血不止，嗓子因為長久呼喊而沙啞……為什麼我還不能找到心中的陽光呢？」

大師問：「你的大包裹裡裝的什麼？」

旅行者說：「裡面是我每一次跌倒時的痛苦，每一次受傷後的哭泣，每一次孤寂時的煩惱……。」

於是，無際大師帶旅行者來到河邊，他們坐船過了河。上岸後，大師說：「你扛著船趕路吧！」

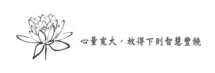

「什麼？扛著船趕路？」旅行者很驚訝，「它那麼重，我扛得動嗎？」

「是的，你扛不動它。」大師微微一笑，說：「過河時，船是有用的。但過了河，我們就要放下船趕路。否則，它會變成我們的包袱。痛苦、孤獨、寂寞、災難、眼淚，這些對人生都是有用的，它能使生命得到昇華，但總是念念不忘就成了人生的包袱。放下它吧！生命不必如此沉重。」

大師一句「生命不必如此沉重」，如春風化雨，滋潤了旅行者乾涸的心。原來放下痛苦是收穫幸福的前提，放下負擔是走得更遠的智慧。

本煥長老說：「我們今生這幾十年時間，各種人我是非，貢高我慢（佛教語，即過於自負），無明煩惱，家庭糾紛等等，這一切的一切，都鑽到我們的腦子裡，擠得滿滿的。既然裝得滿滿的，要再裝什麼，就裝不進去了。」每個人都會在人生這場旅途中得到很多，金錢、名位、幸福、痛苦，不論好壞，每一種都是獨特的收穫。但心靈若被這些收穫滿滿占據，就會失去自由呼吸的空間。

一個人錢財再多，名位再高，若有人我的罣礙，有人我的是非，有名聞利養的百般計較，什麼也放不下，心事太多，心理壓力就太重。有收就應有放，所有的過往都已流逝，生命的路還很長，要提起更多的成就和幸福，不妨坦然放下多餘的負累，讓過去的一切真正成為過去。

放下身心世界

本煥長老曾藉孔子「君子憂道不憂貧」的說法來講修行的道理。他說：「我們修行人只要放下身心世界，好好一心用功辦道，別的事情佛菩薩都會來為我們安排好。」孔子認為君子只需憂愁自己的為人，而不必憂心貧窮，同樣，本煥長老也認為修行之人不必懷抱功利的目的，憂心於修行的結果，而應專注於修行的過程，一心用功努力。

僧人修行的道理如同凡人生活：無論工作、愛情、日常生活，都不必對得失成敗算計太過，計較太多，而應專注於事業、感情本身，無愧於心、心無旁騖地去做。

佛跟一切眾生在生活的表象上是相同的，我們要穿衣吃飯，佛也要穿衣吃飯，我們每天要去工作，佛也要修行弘法。釋迦牟尼佛天天講經說法，一天講八個小時，一年到頭不休息。不同之處在於：我們穿衣吃飯會挑剔，會在好壞、貴賤、粗細上有分別之心，而佛有什麼吃什麼，有什麼穿什麼，沒有講究，一切都歡喜。我們工作要報酬，有功名利祿的追求，甚至有私心、貪婪，而佛的工作卻只源於一顆慈悲心。

出家人並非在世俗生活之外「獨善其身」，而是在世間修行，以「普度眾生」為念，為社會大眾作出貢獻。

本煥長老很關心時事，他對國際國內的大事和民生新聞很感興趣，每天都讓弟子為他讀一個小時《參考消息》。1998年洪災時，本煥長老正在住院療養，聽說災情之後便堅持帶病組織祈福法會，為受災地區祈福。身邊的人都勸他不要太過操勞，長老卻道：「如今洪水肆虐，我不作為佛子，單作為一個人，也該為洪水受災區盡些力量，但我是僧人，僧人能做什麼，我只能以法會祈福。」

汶川地震時，本煥長老和他所在的弘法寺非常關注，弘法寺不僅為災區捐款，還組織志願者赴災區參與救災工作。長老因身體原因無法趕赴災區，便讓弟子印順法師代為前往。

有記者問印順法師：「在這樣的大事件面前，佛家和世俗社會需要承擔的責任有什麼不同？」

印順法師的回答很簡單：「各做各的事情。」

每個人都有社會分工和角色定位，無論是佛門中人還是世俗社會中的人，都無法脫離社會而生存發展。佛家講「放下」，常常強調「放下身心世界」。之所以強調這一點，是擔心人們將「放下」誤解為拋下一切人生內容。

禪宗二祖慧可為了表示自己求佛的誠心，揮刀斷臂，拜達摩為師。

有一次，他對達摩祖師說道：「請師父為我安心。」

達摩當即說：「把心拿來。」

慧可不得不說：「弟子無法找到。」

達摩開導他說：「如能找到，那就不是你的心了！我已經幫你安好心，你看到了嗎？」

慧可恍然大悟。

達摩用一種充滿禪機的方式教慧可放下，使慧可最終開悟。「心」並非拿在手上的實物，自然無法「找到」、「拿來」。「安心」其實並非安住「心」，而是安住自己的生活、自己的念頭。

一位法師在各地弘揚佛法，有人給他寫信說：「法師，您教我們要放下，我現在統統都放下了，沒有錢，沒有工作，沒有收入，快要沒飯吃了，怎麼辦？」

法師接到信，開示道：「我所說的放下，不是讓你們放下工作、事業、生活，而是放下身心世界。身心世界怎麼放下？不是放下『身』和『心』，而是放下妄想、分別、執著，一切事物不要放在心上，不要去分別，不要去執著，不要去妄想。我教你們在這些方面放下，不是在事上放下。」

人常常對生命有太多苛求，內心充斥妄想、分別和執著，活得筋疲力盡，遠離幸福與快樂，生命也變得倉促，充滿憂慮和恐懼。「身在俗世心出離」，這是佛家提倡的一種境界。所謂「出離」，並不意味著離開現實生活，而是超越現實中的營營碌碌，培養一種自在灑脫的心境。

工作、生活、日常應酬、人情世故都不必放下，也不能放下，應該放下的是自私自利、名聞利養、物質生活的豐盛，是一切對人、事、物控制和占有的念頭。

譬如身在職場中，對工作熱心和努力的態度不能拋棄，而應拋下過度的欲求和鑽營；譬如做一名管理者，對事務和員工的控制和管理不能放棄，而應放下控制和占有的念頭。

我們所生活的世界好比一個大的修行道場，遇到的每一個人、每一件事都能成為修行的契機。不必向遠處尋求，契機就在身邊，將自己的真誠、善心、熱情在工作、學習、生活中體現出來，便已足夠。

心無罣礙，隨遇而安

四祖禪師到南京的時候，看到山上的氣與其他地方不同，便知道有高人在那裡。原來，山中住著一位叫懶融的禪師。他住的地方竟然有老虎替他看門。平日他也不用自己做飯，因為有人給他送飯。

四祖到了懶融禪師住的地方，看到那隻老虎，驚了一下，懶融禪師就說：「哦，你還有這個。」後來四祖到他住處去，在他的座位上寫一個「佛」字，請他坐。懶融禪師不敢坐下去，四祖便說：「哦，你還有這個！」

兩個人互相參禪，參到很晚。四祖睡覺時打鼾，懶融禪師聽到呼嚕聲，睡不著。他醒著時，發現身上有蝨子，就把蝨子抖到地上。天亮之後，他對四祖說：「咳，什麼祖師，一晚上打鼾，打我的閒岔。」四祖道：「打閒岔？你把蝨子抖到地上，害牠摔斷了腿，叫了一夜，還打我的閒岔呢！」

本煥長老在一次法會上將這則禪宗公案講得趣味盎然，他說：「呼嚕響著，還聽到蝨子叫。這就是工夫。」四祖之所以有這種工夫，是因為他的修為已經精深到「心無一物」的境界。

人常常生活在喧囂之中，不僅環境的喧囂無處不在，內心深處不息的追逐和欲望帶來的喧囂也令人不得安寧。人們或許可以回歸大自然，尋找片刻的寧靜，然而大多數時候依然身陷凡塵喧擾，無法平復內心的欲求和騷動。因為人往往不懂得在喧囂處為自己留一份清靜，不懂得在紛擾中安頓自己。

古人云：「小隱隱於野，大隱隱於市。」真正的「隱」不是身體的安頓，而是心靈的安頓。本煥長老說：「我們『本來無一物，何處惹塵埃』？」在長老看來，有東西，就有障礙，有生死。心若無罣礙，無論置身何處，都能感受到平和安寧。

過去曾有一個沙彌由於夜間回寺太晚，無奈之下便露宿寺門外。他在靜謐之中寫下一首詩：「天為羅帳地為氈，日月星辰伴我眠；夜間不敢長伸足，恐怕踏破海底天。」沒有羅帳便以天為羅帳，沒有床氈便以地為氈，天空星月都是陪他入眠的人；而他晚上竟不敢伸直雙腳，只怕「踏破海底天」。

龍門清遠禪師也有一首偈語：「醉眠醒臥不歸家，一身流落在天涯。祖佛位中留不住，夜來依舊宿蘆花。」無論醉醒坐臥都不拘小節，天涯海角任逍遙即是禪者的人生觀。什麼都無法束縛他，什麼都不改其樂，即使是到地獄去也灑脫。

人世間的事情隨緣而住、隨遇而安，就會在每一個安住的片刻獲得幸福。人的一生很少有幾次真正感到自己的生活一帆風順、海闊天空。際遇往往不是個人力量所能左右，生活充滿苦樂、有無、順逆、窮通、得失、起伏無常，環境和遭遇常有不盡如人意的時候，面對拂逆和不順，知道人力不能改變的時候，就應面對現實，隨遇而安，不讓心靈為不如意之境遇所擾，什麼都能接受，都能安住。無論於何種處境，均能保持一種平和安然的心態，並繼續堅持自己的追求。

人總會有占便宜的時候，也有吃悶虧的境地，這時就需要具備良好的心理調節能力，甚至需要一種超脫、豁達的胸襟，讓一切隨緣。心要隨時感到自在，不起差別之心，看一切人事都感覺自在，如此才能在生活的細處感受到充盈的小幸福。做什麼事都能甘願，充滿樂趣和喜悅地去做。

處於不可改變的境遇時，不妨安然面對，一步一個腳印踏踏實實地前進。能安詳忍受命運之人，有隨遇而安的心，有隨緣度日的懷抱，有隨心自在的境界，有隨喜而作的智慧，身心自然無牽無絆，任由自然，因而能在任何境遇下領悟幸福。

放下自我，不為外境所動

一位禪師受世人敬重。某日，有兩家寺院同時安排了午宴，欲邀請禪師素齋談禪。兩家寺院為此相持不下。禪師知道後立即打電話承諾兩家寺院，是日將依約分赴兩地。到了那天，這位禪師在一個半小時內乘車行走於兩個城市間，沒有失信，亦沒有讓信徒失望。第二天，兩家寺院的住持到禪師處謝禮道歉。禪師坦然一笑道：「你重要，他也重要，我不重要。」

倘若能以「你重要，他重要，我不重要」的觀念來待人，不知能免除多少紛爭，給人多少希望，予人多少歡喜。但是，人往往被私心、私欲所左右，難以放下自我。本煥長老曾言：「放不下的是什麼呢？是一個『我』字。『我』的家庭、『我』的妻子、『我』的兒女……什麼都是『我』，全部都是為了『我』，我們大家都死死抱著這個『我』，放不下這個『我』。」

人們經常習慣說：我的錢、我的面子、我的家、我的兒子、我的財產、我的父母、我的妻子、我的丈夫、我的名譽、我的身體……「我的」兩個字讓人們處處計較，耿耿於懷。

一位禪師講經時遇到一位居士。那位居士有很多金銀珠寶存在銀莊，有一次，居士帶禪師去銀莊見識那些珠寶。

他們經過好幾道手續，終於由銀莊的夥計護送到了內堂。在內堂打開箱子取出金銀珠寶後，禪師問：「這是你的？」

居士聽了，心裡很不舒服，心想：我擁有這麼多珠寶，只不過因為怕小偷，不敢拿回家，怕被人搶不敢戴在手上罷了，雖說是存在銀莊裡，一個月才來看一次，可是這些財產毫無疑問都屬於我，禪師居然懷疑這些珠寶不是我的？

禪師說：「如果這樣都算是你的，那外面所有的珠寶鋪都是我的。因為我可以到那裡，隨便叫人拿珠寶出來給我看一看，摸一摸，再讓他們收起來。這些與你所做的不是一模一樣？你這些存進銀莊的珠寶和那些珠寶鋪的珠寶有什麼區別？這些珠寶，你既不敢隨身戴著，又不敢放在家裡，怎麼能算自己的？」

居士念念執著於「我的」，禪師卻道出了擁有的虛幻本質。「我」的建立往往以利益和名聲為基礎：放不下「我」的觀念，這是執著於「名」；放不下「我」的欲望，這是執著於「利」。

本煥長老一生捐款無數，資助無數，捐建多所學校、醫院、敬老院、寺廟，散財利人，而這些幾乎遍及全國的善舉卻很少留下本煥長老的名字。有人說：「他的功在天下，名在芸芸眾生的心裡。」

印順法師說：「他（指本煥長老）是一位德高望重的老人。他是為了弘法利生事業非常忘我的一個人。從某種意義上說，他完全沒有『我』的概念。」而時時以自我為中心的人，會永遠覺得自己是對的，常會被外物牽著鼻子走，因求不得而生煩惱，進而生痛苦，也往往容易被是非左右，別人的一句話就會影響到他。

人的喜怒哀樂，常建立在外界環境的變動上。人生「不如意事常八九」，內心若沒有一種堅實的力量，不能從內在的生命裡生出歡喜，就會常常陷入煩惱痛苦之中。相反，若能時刻將「我」拋在腦後，便不至於產生那麼多計較。

本煥長老一次和隨行人員乘飛機去太原，剛進機艙，就聽到廣播中說飛機起飛的時間會延遲。周圍的乘客聽到這個消息，大多皺眉抱怨，長老卻面帶笑容說起吉利的話，讓機上乘客轉怒為喜。在日常小事中，長老也時時不忘給周圍人帶來歡喜，在長老心裡，「我」如何，「我」怎樣，都不重要。所以，儘管本煥長老一生經歷坎坷多舛，也仍能放下自我的苦樂，歡喜面對世事人生。

放下的幸福，簡單而深沉。放下金錢、物質，能得善緣、廣緣；放下自私、執著，能獲得慈悲、自在；放下傲慢、自滿，能贏得謙遜、尊敬；放下拒絕、憂愁，得到歡喜、容納；放下抱怨、貪婪，能收穫幸福、安然。放下並非完全失去自我，而是指不再存對抗心，也不再有捨不得，隨時隨地對任何事物沒有絲毫的牽掛。

釋懷過去，不起怨恨心

佛經上說佛有八苦三轉，八苦是生、老、病、死、求不得、愛別離、怨憎會、五陰熾盛，三轉謂示轉、勸轉、證轉。示人苦等相狀為示轉，勸彼應知苦等而修是勸轉，以己身證苦為證轉。佛將這些告訴世人，是為了開示大家，人事物理一切皆苦，人生不過是痛苦地活著。

然而，佛說的苦，不是世界的本源，而是來時人心的無知。南懷瑾先生曾說：「人活了一輩子，就是三句話：莫名其妙地生來；無可奈何地活著；不知所以然地死掉。」世人為了獲得人生的快樂與幸福，追這個求那個，但人際一遭總有追不到、求不著的時候，到頭來抱怨時常縈繞心間，一生總在為得不到的遺憾縈懷，於是怨恨心悄然生長，阻隔了生活本身的陽光。

本煥長老出家八十多年，用大半輩子的時間研習佛法，為不計其數的人開示過，對於那些對現狀不滿、祈求更好發展的人，他最常說的一句話是：「不生怨恨心。」

抱怨的話、詛咒的話、發狠的話，插滿了尖利的刺，可是當我們拔刺刺向外邊時，心中的苦澀開始轉化成毒素，傷及別人的同時也誘發己身的病原。從這個層面來說，怨恨是強大的，同時也是脆弱的。相比之下，沉默靜受反而比抱怨出擊更利於身心健康，是人們跳脫苦蒂糾纏的方法所在。

曾經有位戲劇家在自己的作品中寫道：「你見了一頭熊，就要避開，可是假如你逃的方向前面是洶湧的大海，那你只好面對那頭熊了。」如果把人生的不幸、不順比做這頭熊，既然進退維谷，不如把咒罵的力氣省下來，快速地躺在地上，屏住呼吸裝死。

和本煥長老的主張一樣，已故國學大師季羨林也曾提出過類似的說法，他說「牢騷太盛防斷腸」，生活本身不會變得糟糕，只是牢騷滿腹、抱怨不已會讓人覺得生活已經壞到不可救藥的地步。面對任何事情都平和對待，不大喜也不大悲，沉默靜受。受住了，它們便是厚重的人生積澱，是繼續生活並且追求更好生活的資本。而抱怨對於這種積澱和資本的累積是無益的。

也正是得益於這種默默靜受，本煥長老蒙塵二十多年的牢獄生活後，依然可以淡然地回答記者的提問。當時記者問他怎麼看待自己二十多年的冤屈，他輕鬆一笑，用三個字總結了二十多年的辛酸滄桑：「好事情。」

悅納旦夕禍福，像品茗一般，品出茶葉苦澀中的清香，晚年的本煥長老即使面對天大的事情也不過淡然一笑，如此便是生命在沉默中達到的祥和天成的境界。

本煥長老不僅用這種態度面對生活，更是以同樣的態度面對生死。在生命最後的歲月裡，面對一直挽留他的大和尚印順法師說：「生死只是一念之間的事情，你連這一關都過不了，出家幹嘛？」對苦難沒有怨恨，對誤解沒有怨恨，就連對待死亡也是如此雲淡風輕，足見沒有怨恨的心其實是最強大、最淡定的心。

歲月的流逝不像DVD的播放，可以在一個情節上來回倒帶，對於已經經歷過、不可再改變的往事，苦也好，甜也罷，不妨學會釋懷，這也是本煥長老所說的「不生怨恨心」。

在佛家看來，執著於過去的念想，而忘記生活的方向，是大糊塗。處世做人，應當時時警醒自己記住本心，記住人生的大方向、大目標，而忘記生活中小事的糾葛，這樣才能做到釋懷，釋懷了自不會糾結在一個點上，受怨恨、遺憾糾纏。

一天，一位法師正要開門出去時，一位身材魁梧的大漢破門而入狠狠地撞在法師身上，把法師的眼鏡撞碎了，還戳青了他的眼皮。

那位撞人的大漢毫無羞愧之色，理直氣壯地說：「誰叫你戴眼鏡的？」

法師笑了笑沒有說話。

大漢頗覺驚訝地問：「喂！和尚，為什麼不生氣呀？」

「為什麼要生氣呢？生氣就能使眼鏡復原嗎？生氣就能讓身上不痛嗎？倘若我生氣，必然生起事端，就會造成更多的業障及惡緣，也不能把事情化解。若是我早些或晚些開門，就能夠避免一切事情的發生，說到頭來，其實自己也一樣有錯。」

壯漢沉默片刻向大師拜了拜，恭敬辭別。

法師不執著於瑣事，心不為他人冒犯而有所罣礙，不與別人斤斤計較，不但給了別人機會，也獲得了別人的信任和尊敬。一位詩人曾經寫道：「想起一生後悔的事情，梅花便落了下來。」花瓣飄落的瞬間，領悟柔和寫下的釋懷之美，幾十年的青蔥歲月似乎只是一場夢，本不至於教人揪住曾經的悔恨不放。

不生怨恨心，是在培植寬容心，釋懷往事，是在締造新生，把擱置不滿、抱怨的空間騰出來，留給善良、真誠、寬容，遺忘別人的不好，銘記別人的好。對別人釋懷時，即是對自己釋懷。誠如一位哲人所說：「人類儘管有這樣那樣的缺點，我們仍然要原諒他們，因為他們就是我們。」

人生如海，潮起潮落，既有春風得意、高潮迭起的快樂，也有萬念俱灰、惆悵漠然的淒苦。快樂時，不妨盡情享受快樂，珍惜眼前的一切；痛苦時，也不要怨天尤人，不生怨恨心；等它們都要離去的時候，像吹散蒲公英的種子一般，抱著對新生的祝福、憧憬任其在風中越飄越遠。

集中心力，在事業中修行

禪就是生活，生活中無處不蘊藏禪機。真正的參禪不一定要去深山、古剎，而應當在日常生活中，在衣食住行中，洗碗、掃地、吃飯、睡覺、工作、事業中都有禪。只需稍加留意，就可以發現禪的精神、禪的智慧，感悟禪的意境、禪的風采，實現禪的踐行、禪的超越。在現實生活中參禪，人們也能體會到禪宗靈動活潑的天機；在工作和事業中用禪，同樣可以消融諸種煩惱、心結。

有一位女施主，家境非常富裕，地位、能力、權力及外表都少有人能比。她卻鬱鬱寡歡，連個談心的人也沒有。於是，她去請教無德禪師，如何才能獲得幸福。

無德禪師告訴她：「你能隨時隨地和各種人合作，並具有和佛一樣的慈悲胸懷，講些禪話，聽些禪音，做些禪事，用些禪心，那你就能成為有魅力的人。

「禪話，就是說歡喜的話，說真實的話，說謙虛的話，說利人的話；禪音就是化一切音聲為微妙的音聲，把辱罵的音聲轉為慈悲的音聲，把譭謗聲、哭聲鬧聲、粗聲醜聲轉為稱讚的音聲；禪事就是佈施的事，慈善的事，服務的事，合乎佛法的事；禪心就是你我一如的心，聖凡一致的心，包容一切的心，普利一切的心。」

女施主聽後，一改從前的態度，不再在人前誇耀自己的財富，不再自恃美麗，而是對人謙恭有禮，對下屬尤能體恤關懷，不久就被誇為「最具魅力的施主」。

經過禪師的點撥，這位女施主心念一轉，魅力立刻就在她的身上呈現出來。安神何須勞山水？讓禪與生活、工作融為一體，便能將眼前的每一件事當作修行，便能在忙碌的工作和事業中身安心安。

本煥長老以百歲零六的高壽安詳示寂，他的一生，奔忙於各地的弘法事業之中，投入於從不間斷的慈善事業裡，每日還堅持讀經、寫經，未曾放棄學習提升自己。這位百歲高僧少有著述，他的修行之道便是將佛法的要義體現於「行」，以身教來教育和影響弟子及信眾。

如孔子所言：「其為人也，發憤忘食，樂以忘憂，不知老之將至。」禪者的人生觀也是如此。認識自己，安於自己所走的路，珍惜時間，將每一秒都做最有效的運用，即使年老體邁，也依然能夠保持激情與活力。

有一首禪詩這樣寫道：「刀山劍樹為寶座，龍潭虎穴作禪床；道人活計原為此，劫火燒來也不忙。」在刀山劍樹中安然靜坐，於劫火燒來時仍能靜定參禪，這是一種非凡的修行。

修行就是一種忙碌。要忙出成果，忙出價值，就要如禪詩中所描述的那樣，不以困難為意，將每件事都當作一項事業去做，在忙碌中安身立命，找到價值感。

20世紀50年代，一位大德禪師聽說一處偏遠之地無人願意去弘法，於是便自願獨往那偏遠處弘法。他在那裡遇到了許多困難。他不再是一位受大家景仰的得道禪師，而只是一個無名苦役，每天搬桌椅，搬蒲團。他每次下到鄉間弘法，都教導人們識字寫作，閱讀佛經，這些努力漸漸有了成果，最終，禪師在當地成功建起一座富麗莊嚴的寺院。

這位禪師不會外語，卻到世界各地弘法，建設一百多座道場；他身軀弱小，但敢到環境惡劣的印度留學，到非洲感化民眾。他組織了教會，辦起了佛學院，用開闊的胸襟成就了「但願眾生離得苦」的事業。

人在工作和事業中遭受挫折時，往往習慣於逃避這種挫折。但若把事業當作一種修行，就需集中心力，面對困境，永遠保持向前的姿勢。如此一來，困難和障礙也能變為力量的來源。正如一位法師所言：「這世界原本就沒有一個無寒無暑的地方可供逃避，因此最佳因應之道就是不避寒暑，寒暑也就無可奈何了。」

成他人歡喜，成就自己

在廣州白雲山能仁寺中有一副對聯，「**不俗即仙骨，多情乃佛心**」，佛本多情，將天下眾生的喜憂福禍都放在心中，這是禪法的心意。大慈大悲、與眾生結緣正是佛心的深情，一個真正成佛的人往往是用情最深切的人。

相傳釋迦牟尼佛前世修行時，其誠心實意驚動了天界，天帝為了測試他的誠心，即令侍者化成一隻鴿子，自己則變成一隻鷹，在鴿子後面窮追不捨。

修行者看到鴿子的危難情況，挺身而出，把鴿子攬入懷裡保護著。老鷹吃不到鴿子，很是不滿，責問修行者說：「我已經好幾天沒吃的了，再得不到吃的就會餓死。修行人不是以平等視眾生嗎？現在你救了牠的命，卻會害了我的命。」

修行者道：「你說得也有道理，為了表示公平起見，鴿子身上肉有多重，你就在我身上叼多少肉吃吧！」

天帝故意使放在天秤上的修行者的肉總是比鴿子肉輕，不停地從修行者的身上割肉，直到割光他全身的肉，天平兩端的重量還是無法相等。修行者只好捨身爬上天秤以求相等。

天帝看到修行者的捨身精神，便隨侍者一起變回了原形。天帝問修行者：「當你發現自己的肉已割盡，重量還是不相等時，你是否有絲毫的悔意？」

修行者答道：「行菩薩道者應有難行難修、人溺己溺的精神，為了救度眾生的疾苦，即使犧牲生命也在所不惜，怎會後悔呢？」

天帝被他的慈悲心感動，恢復了修行者的健康，心悅誠服地認可了他的修行。

在修行者的心中，鴿子的生命很重要，老鷹的饑飽也很重要，只有自己不重要，這種「我不入地獄，誰入地獄」的慈悲心，以眾生的苦樂為苦樂，正是佛心所在。

本煥長老敬重佛祖的這番慈悲，更是效法佛祖關注眾生，因為內心的無限敬仰與憧憬，並以此為言行準則。他不知結了多少人緣，給人多少希望，予人多少歡喜。他常說：「要知道我們每一個人的福德在眾生之中，如果沒有眾生，一切菩薩都不能成佛。」把他的話轉換成平常人受用的話，即是：一個人的福禍與他者的際遇不可分割，欲想成就自己，需念念為別人。

當我們將手中的鮮花贈與別人時，自己已經聞到了鮮花的芳香；而當我們把泥巴甩向其他人的時候，自己的手已經被污泥染髒。與其在自我中心導入泥流，不如在成他人事的同時，成就內心一份歡喜。

在一個寒冷的冬夜，有一個乞丐到寺院裡找到榮西禪師，向他哭訴家中妻兒已經多日不曾進食，眼看就要餓死了，他不得已來請求禪師救助。

榮西禪師聽後慈悲心頓生，非常同情他的遭遇，但是自己既無金錢，也沒有多餘的食物。他左右為難地環顧四周，突然看到了準備用來裝飾佛像的金箔，於是他對乞丐說：「把這些金箔拿去換些錢，再給你的妻子、孩子買些食物吧！」

乞丐離開之後，一直站在旁邊的弟子終於忍不住怨氣，對榮西禪師說：「師父，您怎麼可以對佛祖不敬呢？」

榮西禪師心平氣和地對弟子說：「我之所以這麼做，正是出於對佛祖的一片敬重之心啊！」弟子忿忿地說：「這些金箔本來是用來裝飾佛像的，可是您就這樣送給了乞丐，我們要用什麼來裝飾佛像呢？難道這就是你對佛祖的敬重之心嗎？」

榮西禪師正色說：「佛祖慈悲，割肉餵鷹、以身飼虎都在所不惜，我們怎麼能為了裝飾佛身而置人性命於不顧呢？」

禪師的施與解救了乞丐一家人，雖然禪師本身並沒有從中獲得解決寺人生計的食物或者金錢，但他在成就他人的同時，成就了一顆慈悲心。這種發自內心的善意的關懷，帶給他人溫暖的同時，也給自己一種成就感。

曾經有為禪師發願要做一棵樹，給行路人乘涼；願是一架橋梁，讓眾生渡過河流到他們的目的地；願做一盞燈，給眾生光明及正確的方向。在給自己設定的期許裡，禪師沒有把「修成正果」、「我要成為……」列入其中，因為修成什麼樣的結果、成為什麼樣的人，都是以為他人成就了什麼為前提的。

像本煥長老說的世間沒有不為眾生的菩薩，在自己成就幸福的時候，不忘成就他人。一個不忘成就他人關懷的人，最終所得到的不僅僅是物質上的享受，更是心靈的寬慰。

氣要和，性要緩，春來草自清

多年古鏡要磨功，垢盡塵消始得融；
靜念投於亂念裡，亂心全入靜心中。

——清．普能嵩

世界上從沒有一個實實在在的東西叫煩惱，叫怨恨，只是因為人們的心性難免浮躁、焦慮，常常被身邊不順的事、不理想的事引爆，如此心中才會落滿煩人的塵埃。佛說：「心平何勞持戒，行直何用修禪？」生活的路從來不會平坦，那就把心先放平，紛擾中把心安在靜處。

內心安定，何處惹塵埃

一個人問禪師：「在修禪之前，山是山，水是水；在修禪宗之時，山不是山，水不是水；修成之後，山仍是山，水仍是水，為什麼同樣的山水會在人眼中有不同的呈現？」

禪師說：「修行之前，我們的腳步很少停下來，所以心靈很少去揣摩事物背後的東西，此時遇見山水也無非驚鴻一瞥，所以山不過是山，水不過是水；修行時，刻意地探求事物背後的意義，難免會把一些矯情的東西強加給平凡的山水，所以山水失去了本來的面目；修煉到一定境界後，心平了，世界靜了，遮蓋事物本來面目的思緒、煩惱等像雲雨初霽（霽ㄐㄧˋ）一般放晴，此時驀然回首，山仍是山，水仍是水。」

這個人若有所悟，剛要開口時，禪師說：「凡夫俗子和開悟者沒有區別，只不過開悟者離地六寸。」

山本蒼翠，水本清冽，可是匆忙的腳步總是一刻不得閒地催促人們你追我趕，於是煩惱伴隨著必然出現的快慢先後侵入人心，遮蔽了可以和美景相遇的視線。禪家說：「開悟者離地六寸」，不是說開悟者疏離俗世，而是說他們能比普通人看得遠一些。因為看得遠，所以不拘泥於眼下，不為一時的先後緊追慢趕，進而在喧囂紛亂的世界中收穫一份虛空的內心安定。「虛空」不是不想、不做，而是在把心靈放空的前提下，心平氣和地看待人生的起起落落，從容地走人生的路。

本煥長老說：「人的思想都是複雜的。每個念頭，念念都不停，思想也不停，所以首先要思想安定。」欲求思想安定，其實就是修持一種閒看花開花落的淡定。花開時，且去欣賞，讓花之芬芳薰染靈魂深處的軟骨；花落時，且看殘花隨風飄逝、暗香殘留，讓曾經的絢爛留在冬天的記憶裡。

以花之開落喻人事物理，人生如花苞開合，有爛漫的得意，有蕭索的失意，以安定之心靜看落英繽紛，得意中不忘形，失意時不委靡，能在功名加身時保持心境淡然，能在諸事不順時理清思路。不期然間，思想深處已經結出青澀的果實。

內心真正安定的人能在喧囂繁華中不生浮躁，不起煩惱，擁有一顆無分別的心，從容面對任何境遇。誠如唐朝懶瓚禪師詩中所說：

世事悠悠，不如山嶽，臥藤蘿下，塊石枕頭。
不朝天子，豈羨王侯？生死無慮，更復何憂？

當時，唐德宗聞得此詩，欽慕詩中流露出的灑脫之氣，便派手下的臣子去迎請懶瓚禪師。臣子在懶瓚禪師隱居的山洞前大喊：「聖旨駕到，趕快下跪接旨！」洞中的懶瓚禪師不做回應，毫不理睬。大臣探頭進去，見一個邋遢和尚正在烤地瓜。整個洞中煙霧彌漫，熏得老和尚鼻涕縱橫，眼淚直流。大臣忍不住說：「和尚，看你髒的！你的鼻涕流下來了，趕緊擦一擦吧！」

懶瓚禪師頭也不回地答道：「我才沒工夫為俗人擦鼻涕呢！」邊說邊夾起炙熱的地瓜往嘴裡送，並連聲讚道：「好吃，好吃！」

大臣們湊近一看，驚得目瞪口呆，懶瓚禪師吃的東西哪是地瓜，分明是像地瓜一樣的石頭！懶瓚禪師順手撿了兩塊遞給大臣，並說：「請趁熱吃吧！世事都是由心生的，所有東西都源於知識。貧富貴賤，生熟軟硬，你在心裡把它看作一樣不就行了嗎？」

大臣看不慣禪師這些奇異的舉動，也聽不懂那些深奧的佛法，不敢回答，只好趕回朝廷，添油加醋地把懶瓚禪師的古怪和骯髒稟告皇帝。德宗聽後並不生氣，反而讚嘆地說道：「我們國內能有這樣的禪師，真是我們大家的福氣啊！」

懶瓚禪師是真正達到佛的境界的人，他的眼中沒有富貴貧賤，沒有生熟軟硬，萬物在他心裡都是一樣的，他的心是真正清淨的，是沒有分別的。就像六祖慧能的禪語：「菩提本無樹，明鏡亦非台。本來無一物，何處惹塵埃。」

一個人的安定，不是寂靜無聲，而是看透繁華後的歡喜。當落英成泥，漫天的白雪便是最美的景色；當地瓜不在，周圍的石頭也能在心中散發出地瓜的香甜。一心清淨，即使是冰天雪地、萬物沉眠，心裡的蓮花也能處處開遍。所以本煥長老才說，念頭和思想都停下來，思想才得安定。

對事對物，失之不憂，得之不喜，不要自己找事，不要自尋煩惱，心湖本來平靜，何必錯失駐足湖畔看日出日落的閒暇？在喧囂處為自己留一分清閒，不時從熱鬧的俗世中退回來，調和內心，在紛擾中把心安頓好。

凡事要自然而然

本煥長老在一次開示中向信眾講解用功修行的方法，其中有一句：「無心用功並不是說沒有心，像木頭一樣，它只是不起『去用功』的念頭，它的用功是自然而然的，不需要有意著念，它往往是不參自參，不疑自疑，不照而照的。」這種不起用功的念頭實則是一種習慣，一種自動自發的習慣。

這種習慣的發生就像植物生長、四季輪換一般，不需要特別的決心，刻意地努力，因為自動自發地生長、輪換就是生活、生命本身。本煥長老要人用功，卻要人不起「去用功」的念頭，其實就是要人把用功當成生活的一部分，讓人能在一言一行中自然而然地踩在用功的點上，從心底由衷地流露一種返璞歸真的自然天性。在他看來，這種自然而然地用功才算是符合人之本性的。

人本是自然之子，但在社會進程中，人一方面得以昇華，以文化區別於動物，同時也被社會所異化，從而表現出許多非自然的屬性，在商業社會中，這種異化尤為明顯。在這種情況下，要回到自然，遇到最本真、最真實的自己，首先要在心態上回到自然。

停下工於心計、追逐名利的腳步，習慣悠然漫步，習慣以單純自在的心態，樂享自然中最原始的一切，從每一種花草身上看見美麗，從每一陣清風中聽到時光的低吟淺唱，讓生活的每一個細節回歸自然的淳樸，便能超脫現實的煩惱之上。因此那些超脫紅塵之外的得道者，不是不食人間煙火的仙風道骨，反而是以天為蓋、以地為蓆的自然之子。

當有人問在山中居住、以野果果腹的高峰妙禪師為什麼喜歡吃野果，為什麼不梳頭髮時，他反問道：「山珍海味能比野果好吃到哪裡去？我連煩惱都沒有，還需要梳理什麼頭髮呢？」

「你一年到頭就這身衣服，為什麼不備一套換洗的呢？」

「佛法慈悲、道德這身衣服就足夠。」

「你總要洗洗澡吧？」

「我的心一乾二淨，不需要洗澡。」

「你沒有朋友，不覺得孤單嗎？」

高峰妙禪師指指外頭說：「大自然的一切都是我的朋友。」

俗人以為高峰妙禪師的修行是徒然，高峰妙禪師卻笑俗人忽視自然的愚鈍。花香沁醒心靈，草綠清亮視線，綠蔭山巒放鬆心境，一野果、一掬泉都是原生態的營養。一心參禪，與大自然融為一體，享受清靜、新鮮的生活滋味，實在是難能可貴。自然開啟人的心靈、陶冶人的情操，久居鬧市，心久繫名利，人實際上活得很累。榮華富貴、名聲讚譽都是表面的東西，月明風清時，人立於月下，會突然覺得自己生活得很可笑、很荒唐。整日費盡心思與人爭鬥，得到的只有無窮無盡的煩惱，何必要這樣為難自己？

不如將爭強好勝的心放下來，到自然的懷抱中沐浴清風，攀登高山，放歌曠野，這種看似休閒、放鬆的方式，其實是在修心上用工夫。工夫用得不著痕跡，卻輕鬆自然地讓心靈放鬆了戒備，感受到了欣悅。

相比於這種不刻意、不起念的修行，那種「眾裡尋他千百度」的求取，反而會流於表面、形式，致使努力的人和真正的開悟擦肩而過。

唐朝龍潭崇信禪師，跟隨天皇道悟禪師出家，數年之中，打柴炊爨（爨ㄘㄨㄢˋ），挑水作羹，不曾得到道悟禪師一句半語的法要。自認為一無所獲的他問禪師：「弟子自從跟您出家以來，為什麼不曾得到您的開示？」

道悟禪師聽後回答道：「自從你出家以來，我未嘗一日不在向你傳授修道心要。」

「弟子愚笨，不知您傳授給我什麼。」崇信訝異地問。

師父並沒有理會他的詫異，只是淡淡地問：「吃過早粥了嗎？」

崇信說：「吃過了。」

師父又問：「缽盂洗乾淨了嗎？」

崇信說：「洗乾淨了。」

師父於是說：「去掃地吧。」

崇信疑惑地問：「難道除了洗碗掃地，師父就沒有別的禪法教給我了嗎？」

師父厲聲道：「我不知道除了洗碗掃地之外，還有什麼禪法！」

崇信禪師聽了，當下開悟：禪就是生活，能夠自然而然地生活，本身就是一種參禪悟道的修行。吃粥、打掃，看似平常，卻像正中靶心的箭矢一樣，無限接近修禪之道。能用心靜靜地聆聽生活的不語，領悟其中微妙的禪機，何嘗不需要一種工夫呢？

現實生活中的禪法，是將佛法「生活化」，又用佛法「化生活」，在生活中實現禪悅，在禪悅中享受人生，保持一顆本色之心，遇山則高，遇水則低，隨順自然。

迎著每天八、九點的陽光，站在窗邊手捧一杯醇香的咖啡，看著匆忙的腳步路過街邊，有條不紊地開始一天的工作，自是一種徐生慢活的踐行；工作八小時中抽一點時間，伸伸懶腰，看看探入房間的嫩綠枝條，放眼被風放牧的天邊雲朵，緊張的心鬆弛下來，然後以一種全新的開始繼續投入工作，何嘗不是一種自然的領悟；工作結束後，不在電視虛像中放空思想，而是手捧書卷，靠於窗邊，輕鬆溫讀，早早入眠……

以上這些沒有任何養生理論的指導，只是佛說「**禪宗不立文字，直指人心，似乎有跡可循，卻又如月穿潭底，了無痕跡**」，所謂修禪、用功，不過是還原生活的原貌，規律、簡單地安排自己的生活起居、工作學習。果真這樣做了，不經意間遇到花開，微笑會悄然攀上嘴角。

心常在靜處，不浮躁不焦慮

一位居士問本煥長老：「什麼是禪？」

本煥長老不假思索，脫口而出：禪就是「禪那」，翻譯成「靜慮」，就是我們思想清淨地去來回思慮。

把心安在靜處，讓思想像清澈的溪水一般過濾是非雜念，收穫一份清明，即是本煥長老口中所說的「靜慮」。修禪的工夫貴在一個「靜」字。《華嚴經》中有一首偈語：「**菩薩清涼月，常遊畢竟空。眾生心垢淨，菩提月現前。**」意思是說：如果我們能保持心靈平靜，那麼佛性自顯不會難。

靜，是一種大知大覺的靈機，是高山野雲般的空靈智慧，是修佛之人必持的禪定智慧。「寧靜即釋迦」，我們的心若能常常清靜，沒有貪、嗔、癡，遇到什麼境界都不受影響——不論外在的利誘或是險惡的威脅，內心都不受其影響，這就叫做寧靜。

本煥長老在高旻寺修行時，拜佛教大師來果老和尚為師，修靜悟心，曾在近一百天的時間內不躺不睡，參悟「不倒禪」的修行經典。在這九十一天裡，曾有各種各樣的念頭像春之柳絮一般騷動內心癢處，本煥長老擋之、揮之，最後任之。後來人們問他，為什麼可以做到不為其所動，本煥長老援引佛家語說：「打得念頭死，法神方能活。」

他所說的「死」不是將各種念頭死死地按住，而是讓那些思想不能在自己的心裡發揮作用。柳絮自是飛它的、揚它的，我們還是欣賞春光爛漫，看一分塵土、三分流水、七分春意。當人們慨嘆本煥長老的定力時，他卻雲淡風輕地說：「都是人為的，那時就是一個凳子，沒有床，當然不會倒。」

只有一條板凳的時候，不為沒有床而焦慮，所以能修一份定力。從本煥大師說話的語氣中可以看出，這份定力並不是難以修成，反而是人人可以擁有的。天下事，事在人為，環境也許不算清幽，但無礙於人們在嘈雜中品味靜的清芬與恬適。

這個世界上，財富可能不屬於我們，權勢也不可能為一人所有，但即使失去一切，至少還有一顆心是完完全全屬於一個人的。所以當小和尚對老和尚抱怨一無所有時，老和尚開導他說：「屬於我們的太多太多了，自由的身心、超脫的意念，以及藍天白雲、這山那水。當一個人四大皆空時，這世間的一切就都是他的了。」

藍天、白雲、青山、綠水，其實被所有人擁有。可是有錢的人，心中只擁有錢；有宅第的人，心中只惦記宅第；有權勢的人，心中只關注權勢……人們常常為名譽、錢財等身外之物奔忙勞碌，兩眼一睜想的就是自己沒有得到的東西，心中不免煩亂，可當他們擁有自己想要的東西時，也就失去了享受這件東西的心境。

心中的欲念愈多，身外的堆積愈多，離生活最本真的清靜就愈遠。心浮氣躁、患得患失之間，人往往很難得到沉靜的安寧。與其讓這些欲念、堆積影響我們正常的思維，不如放開胸懷，靜下心來，默享生活的原味。

這種靜享生活原味的過程，沒有人心喧囂、燈紅酒綠，在有些人看來甚至有些寂寞、枯燥。但是誰又能確定不寂寞、不枯燥的時候，人會感到快樂呢？正如席慕容詩中所言：「孤單，是一個人的狂歡。狂歡，是一群人的孤單。」

許多得道禪師遠離了世俗，選擇了一個人的狂歡，並不是為了和寂寞、枯燥相伴，而是為了在佛法中尋得內心的寧靜，使曾經寂寞如雪的內心綻放出芬芳的蓮花，給荒涼如沙漠的靈魂注入一股清泉。青燈古佛旁，他們獨自一人，卻並不寂寞，因為滿心清靜，能聽到落葉的聲音，明白時光的絮語。

所以當有人把本煥長老九十一天的「不倒單」說成一種苦修時，他反駁說這再正常不過，坐禪不僅不苦，反而泛著幽泉般的甘甜，這份甜意源於心靈清靜的悟得。留守於清靜中，寂寞也是一種清福。

心若清靜，凡事簡單：吃飯不求山珍海味、精細烹飪，低鹽少油，反得健康有閒之身；穿衣不求名牌時尚，布料舒服，簡單清潔，也不失為一種素雅；出行沒有香車寶馬，悠然徒步，手指輕觸街旁綠植，也算趕上了低碳的潮流。在這種低成本的生活需求上，求職不刻意求高薪、高位，只要一份遂心意的工作，就踏踏實實地做好，也會是一種滿足。如此減法地生活、工作，看似簡單，實則豐盛，看似清湯寡水，實則內心充盈。

當年趙州禪師問新來的僧人：「你來過這裡嗎？」

僧人答：「來過！」

趙州禪師便對他說：「吃茶去！」

又問另一個僧人：「你來過這裡嗎？」

僧人答：「沒有。」

趙州禪師也對他說：「吃茶去！」

在一旁的院主奇怪地問：「怎麼來過的叫他去吃茶，沒有來過的也叫他去吃茶呢？」

趙州禪師就叫：「院主！」

院主答應了一聲。趙州禪師就對他說：「走，吃茶去！」

心若清靜，才能有心思吃茶，才能品味出茶的美好。一個想得太多的人，心靈如同投進石子的湖面，波紋帶走了原來的平靜。偶一為之沒有關係，若常常如此，心湖沒有靜止的時候，那便可悲。像趙州禪師這般達到佛境界的人，是內心清靜的人，不會想太多，亦不會要求太多，就像母體中的嬰兒，處於一種無可無不可的快樂無憂的境界。正如慧能的禪語所說：「菩提本無樹，明鏡亦非台。本來無一物，何處惹塵埃。」

此心常在靜處，誰能差遣？本煥長老在九十一天的不臥不眠中悟得禪機，在寧靜處沉澱出生活中許多紛雜的浮躁，過濾出淺薄粗率等人性的雜質。對於凡夫俗子來說，不求成佛，但遇事時求得一份沉靜，安之若素，沉默從容，往往要比氣急敗壞、聲嘶力竭更顯涵養和理智。

慢 慢來，著急成不了事

《羊城晚報》的記者採訪本煥長老，問他怎樣看待出家。本煥長老答道：「社會的事、大家的事情很多，也不能個個都出家。」

記者欲要反駁，說：「可是現代人有很多煩惱，小孩子要努力考大學，畢業又要擔心就業，找到工作後還要擔心買房、買車……」

本煥長老沒等他說完就說：「這個事沒辦法急的，各人有各人的因緣，各人有各人的福德因果。有了福德就能成功，沒有福德就不能成功，慢慢來，著急也不能成功。」

本煥長老略帶地方口音的接話，一針見血地點出了現代人煩惱的根源：著急。

因為著急，所以人們總是為更快、更早地達到目的而心浮氣躁，不能順遂心願時還要哭爹喊娘、罵天咒地。可是花開有花期，樹綠有節氣，一棵小苗永遠不可能在一天內開花結果。做成一件事，就像培植花種，縱然盼它發芽、盼它開花，還是要耐心等待一個溫度、水分、時間恰到好處的時刻，早一點不行，晚一點也不行。本煥長老的一句「慢慢來，著急不能成功」，其實是在叫人以養花的心生活，靜候一個恰當的契機，和自己真正想要的未來、真心想要的所求相遇。

一位學僧問禪師：「師父，以我的資質多久可以開悟？」

禪師說：「十年。」

學僧又問：「要十年嗎？師父，如果我加倍苦修，又需要多久開悟呢？」

禪師說：「得要二十年。」

學僧很是疑惑，於是又問：「如果我夜以繼日，不休不眠，只為禪修，又需要多久開悟呢？」

禪師說：「那樣你永無開悟之日。」

學僧驚訝道：「為什麼？」

禪師說：「你只在意禪修的結果，又如何有時間來關注自己呢？」

太過注重結果的時候，行走的步調會紊亂，匆忙趕路的過程中，雙腳觸及地面的力度就會減輕，如此生活就會有失踏實，進而降低生活、成功的品質。為此，禪師才勸誡學僧，凡事切不可急躁冒進，戒除急躁，真正靜下心來，看清自己的內心，看清自己真正想追求的是什麼。

世間美好的東西實在多得數不過來，我們總是希望盡可能多的東西為自己所擁有，於是心浮氣躁、汲汲營營地追求。求得了這個，丟失了那個，心中滿是憤懣，求不得、捨不得，懊惱不堪，生命就這樣在擁有和失去之間流走。

佛經裡說：「在聖不增，在凡不減，心佛眾生，三無差別。」不增不減的道理，其實就是自然界運行的一種規律。好比陰陽圖，陰盛，陽就會衰，但從整體來看，陰陽的總量並沒有變化。在佛教看來，增減是一種假像，但世人卻以為增減是實在的，因而整日在增與減的變化中計較。手中擁有的東西，比如財富增加了，就喜不自勝；握住的東西，如權勢少了，就心焦絕望。其實從人生的大範圍來看，有增必有減，此時增了，彼時就要減；財富增了，其他的「有」便要減；財富減少了，或許幸福反而能增。可是人們偏偏不懂得增減背後的無常規律，像個彈簧一般任由無常擺佈。對此，老子嘆問：「孰能安以久動之而徐生？」

「動之徐生」，是「慢慢來」三字的另一種解釋，它可闡述的意義很多，淺顯而言，慢活便是。徐生貴在一個「慢」字，就像能源一樣，長遠地開採，慢慢地享用，珍惜地利用，便不至於過快枯竭，如若不加節制，亂用一通，即使能源無數，無限再生，也只是糟蹋而已。因此，「慢」是萬物生生不息地長生妙用，而在本煥長老來看，「慢慢來」的重要性遠不止於如此，它還是做人做事的法則。

為人態度從容，可以怡然自得，和諧處眾，以智化怨；做事不暴不躁，可以不亂不濁，冷靜就難，淡定受喜。如此，即使不盤腿打坐，也可洞悉天地自然奧秘。因此，面對記者的抱怨，本煥長老只給「慢慢來」三字告誡。這一點，對於普通人而言，尤其是這個時代的人，尤為需要。

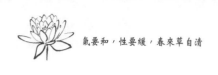

普通人中少有人能獲得養尊處優的機會，除了兒時可以享受父母的照顧，一旦成人，便須自謀生計。可是謀生計者幾乎每一天都在爭分奪秒，忙忙碌碌，然而，事事窮緊張，卻始終不知如

此疲憊究竟為甚。以「慢慢來」的心，換一種生活方式，放慢腳步，有條不紊地走向自己的那個成功。

如果是個生意人，慢慢地賺錢，細水長流，錢永遠都有；一下子成了暴發戶，下次沒得賺，富了這代，窮了後代不是做生意的長久之道。

如果是個小職員，慢慢地學習，循序漸進，成長的空間永遠都存在。操之過急，難免讓人覺得浮躁，被人看出功利之心，反而不是優秀員工的生存之道。

如果只是一個無權無錢的小人物，那就慢慢享受小人物的小幸福。就像駕車出遊一樣，不在乎終點，只在乎沿途的風景。把手邊的事做好，享受生命的過程，感受慢活的幸福。

……

簡而言之，不論處在何種職位，收入如何，慢一拍生活就是自然生活，把生活當求學去修習，不求學優而仕，只把心安放在自然地求索中，那麼人生便會在徐生慢活中得到片刻的寧靜，得到生活的享受。自然地生活不會乏味，而是安穩，不要被急躁的心情牽著鼻子走，讓內心紛雜的念頭安定下來，在一呼一吸之間，順著生活本有的節奏，沉澱一份心平氣和、悅納甘苦的成熟。

心平氣和，煩惱不生

有一個人被煩惱纏身，於是四處尋找解脫的秘訣。

有一天，他來到一個山腳下，看見一片綠草叢中有一位牧童騎在牛背上，吹著橫笛，逍遙自在。他走上前去問道：「你看起來很快活，能教給我解脫煩惱的方法嗎？」

牧童說：「騎在牛背上，笛子一吹，什麼煩惱也沒有了。」他試了試，卻無濟於事。於是，他繼續尋找。

不久，他來到一個山洞前，看見一個老和尚獨坐在洞中，面帶滿足的微笑。他深深鞠了一躬，向老和尚說明來意。

老和尚問道：「這麼說你是來尋求解脫的？」

他說：「是的！懇請不吝賜教。」

老和尚笑著問：「有誰捆住你了嗎？」

「沒有。」

「既然沒有人捆住你，何談解脫呢？」他幡然醒悟。

繩索沒有將人捆縛，真正讓這個人感到身陷囹圄的是他心中的煩惱。相比於麻繩、鐵索來說，煩惱無形，卻能讓人寸步難行、畫地為牢。他們常常抱怨，抱怨學業不順利，抱怨生活節奏太快，抱怨工作太累，這些人雖身在牢籠外，卻將自己的心困在了牢籠之內。和他們不同的是，另一種人即使身陷囹圄，也能夠保持一顆從容淡定的心，欣賞明媚春光，聆聽蟲鳴鳥語，享受柔和微風。

對此，本煥長老開示道：「煩惱，它們還在翻來翻去，一刻不停，像一鍋開水，吵吵鬧鬧、上上下下的。這種情況，大家不要怕，怕它也沒有用。它翻它的，你搞你的，不要有心跟它鬥，不要起煩惱，你只管心平氣和地去用功，因為你是粗的，它是細的，但是時間久了，你也會細的，那時就該它走人了。」

本煥長老的這番話包含三個層面的意思：第一，煩惱叢生的根源在人心，莫名的、沒有緣由的煩惱從來都是拿著我們派發的通行證進入人心的；第二，煩惱是彈簧，愈想去消除，反而會適得其反；第三，制伏煩惱需要平心靜心，不可操之過急。

古人說：「天下本無事，庸人自擾之。」我們的需求是出產煩惱的土地。想要幸福時，會為了得不到愛的人、嚮往的生活煩惱；想要晉升時，會為了被他人頂替、無法得到上司的信任苦惱；想要漂亮衣服時，會因為手頭緊、薪水微薄而心生鬱悶……有所求，就可能求不得，這是世間永遠抹不掉的矛盾。但是人們不可能因為得不到而沒有需求，我們唯一能做的不過是把需求的標準降低，自己為自己鬆綁，不要過於執著。

《金剛經》中講「**應無所住而生其心**」，「無所住」就是不執著，讓心自在，不讓心停在任何事物上，不讓心在某件事情上糾纏，事過心過，事來心生。如果不丟掉，就是心有所住，也就是心被困住了。

有一次湖南的希遷禪師問一位新來參學的學僧：「你從什麼地方來？」

學僧恭敬地回答：「從江西來。」

禪師問：「那你見過馬祖道一禪師嗎？」

學僧回答：「見過。」

禪師隨意用手指著一堆木柴問道：「馬祖禪師像一堆木柴嗎？」

學僧無言以對。後來，這位學僧見到馬祖禪師，講述了他與希遷禪師的對話。馬祖道一禪師聽完後，安詳一笑，問學僧道：「你看那一堆木柴大約有多重？」

「我沒仔細量過。」學僧回答。

馬祖哈哈大笑：「你的力量實在太大了。」

學僧很驚訝，問：「為什麼呢？」

馬祖說：「你從南嶽那麼遠的地方背了一堆柴來，還不夠有力氣？」

學僧在希遷禪師那兒受窘，心中有不快。這份不快伴隨他從湖南回到江西，之後被馬祖禪師識破。禪師把學僧心中放不下的不快、煩惱比做一捆無法丈量的柴，雖不曾點破，卻不無幽默地批評了學僧庸人自擾的心態。

既然煩惱是自己招致的，那可不可以藉由人為的方式消除煩惱呢？本煥長老給出的答案是否定的。一個整天喊「我不煩惱」的人，反而是被煩惱綁得最緊的人。消除煩惱，不是要等到煩惱來了後去防禦，而是要在煩惱來之前去修心。「修心」二字是本煥長老所說的要下工夫的地方，下工夫修習一份心平氣和。

氣息的平靜是假裝、強求不來的，誠如南泉法師曾說，這份平靜「越要保持，越要偏離」。如此不妨在時間地長河中駕馭一葉小舟，閒看兩岸的風景向後退去，我們的視線只是停留在兩山間漏下來的那抹斜陽中。

不刻意追求，不勉力索取，不用任何執著心給自己設置障礙。能活得簡單自然，本身就是一種幸福。每天留一點時間獨處，退回內心，在心中擺正自己的位置，時時矯正自己看問題的視角和心態。人應活出自己的本色，保留一顆原始樸素的初心，而不應隨波逐流，給自己增添負擔。

在不斷的跋涉中，時時清理生活中由欲望帶來的多餘累贅，擁有的東西只滿足基本需要就好。然而一時的淡然不過是清閒，一時的簡樸不過是懶於打點，真正無煩惱的心平靜氣，是人一生的修行和堅持。印順法師曾稱讚自己的師父本煥長老已經到了不起妄念的地步，這一句話可以概括八十餘載修行，是無數白晝和黑夜交替的靜坐、參悟。

若沒有這般堅持，一個過百歲的老人何以由內而外地釋放一種飽含滄桑的慈祥。王國維先生曾說寫詩為文有三種境界：「昨夜西風凋碧樹，獨上高樓，望盡天涯路，此第一境也；衣帶漸寬終不悔，為伊消得人憔悴，此第二境也；眾裡尋他千百度，驀然回首，那人卻在燈火闌珊處，此第三境也。」從苦思冥想到信筆疾書，是一個從刻意到隨意、從生疏到成熟的過程。而修心求靜，擺脫煩惱，也是一個這樣漸變的過程。

其實，就算本煥長老本身也不是從一開始就徹悟的，任何令人讚嘆的事業背後，都離不開時間的歷練。正是因為這樣，本煥長老才特別強調用工夫。對於俗世中的人來說，這點工夫並不玄妙，它實際上就是生命的一種積極、快樂、簡單的狀態，注重加強自身的心靈建設，持續不斷地淨化心靈，滿足於一份單純而簡約的幸福，自不容煩惱滋生。

照顧好念頭，修一顆平常心

有個記者採訪本煥長老時，指著長老題的一對牌匾問其中深意。牌匾上謄錄著本煥長老寫下的八個大字：**照顧話頭；講話是誰**。字形圓潤，筆力蒼勁。

本煥長老瞥了一眼牌匾，回頭對記者說：「照顧話頭，就是照顧你自己的思想念頭，看看是在用功還是不用功，是不是在想亂七八糟的東西。我們在佛門用功的人，就得每天照顧好自己的念頭，一心修習。」一臉嚴肅。

「那『講話是誰』又是什麼意思呢？」

本煥長老笑了，說：「人人都會講話，但是講話的是誰？並不是指身體，身體是生滅的，而講話的是不生不滅的東西。它究竟是什麼？就要各人自己去尋找了。」

人們說出的話是人心思維的一種外顯，管好自己的嘴，首先要管好自己的心。本煥長老把對心的照顧稱為禪，他說：「禪也叫思維修，我們可以在一個思想上來回思維，去修它。」修禪不僅是修身，參禪其實是參心。「如果你要參禪，那麼你要明白，參禪是叫你參，不是叫你念。」

照顧念頭是參禪者每天必修的功課，如果稍有放鬆，亂七八糟的思想來襲，鬱悶、糾結在所難免。

紅樓夢中有一句話叫「無故尋愁覓恨」，就是沒有原因地尋愁覓恨，心裡講不出理由，只是覺得煩悶。落紅無數，流水無情，怎奈閒愁萬種，剪不斷理還亂，將怨語交予東風。這就是人的境界，閒來無事便生愁，還要將語言的抱怨、埋怨，投向無辜的自然。

世間的人大多如此，每天都被諸多莫名其妙的煩惱所包圍，稍不留意心中就會長出荊棘。為此，本煥長老才告誡佛門中人「每天照顧好自己的念頭，一心修習」。但一心修習，不是埋頭空門，整日掩著佛像古卷，心念阿彌陀佛。在佛家看來，日常生活中的任何一件事都可以看作是修習的契機。

有源禪師去拜訪大珠慧海禪師，他問慧海禪師：「和尚，您也要用功修道嗎？」

禪師回答：「用功！」

有源又問：「怎樣用功呢？」

禪師回答：「餓了就吃飯，睏了就睡覺。」

有源不解地問道：「如果這樣就是用功，那豈不是所有人都和禪師一樣用功嗎？」

禪師說：「當然不一樣！」

有源又問：「哪裡不一樣呢？不都是吃飯睡覺嗎？」

禪師說：「一般人吃飯時不好好吃飯，有種種思量；睡覺時不好好睡覺，有千般妄想。我和他們當然不一樣。」

慧海禪師的這個用功法，即是本煥長老所說的修習。做一件事的時候，管好自己的念頭，不去想另外一件事，絕緣無關此時此刻的種種思量和千般妄想，是每個人都可以透過修習達到的佛的境界。

佛法其實很平凡，修行之道無非平常生活，餓了吃飯，睏了睡覺。問題是許多人做不到這一點，尤其是當壓力纏身時，心心念念都是煩惱，飯不得咽，食不知味，臥不得安眠。果真按照禪師所說去做，本煥長老所說的不生不滅的東西也就找到了：一顆平常心。

世間的生伴隨消逝而生，世間的滅伴隨新生而滅，這種無常的輪換正是人生有常的存在。人能在事物消逝時不過分悲戚，成長時不過分欣喜，倚藉的就是一顆平常心。擁有平常心即是在心中立杆天平，平衡世間的生與滅、得與失等諸多矛盾。

但平常心很難，人們生活在煙塵滾滾、人口密集的城市，環境的污染、物質的追逐、人心的敗壞，無一處不起苦悶，無一處不生煩惱。高度發展的科學技術和複雜的社會環境，使得現代人逐漸失去了與自然界的聯繫，失去了和諧與統一的心，也喪失了生命中盡情歡笑、盡情哭泣的能力。

所以，現代人亟須的不是更多的物質享受，而是一份讓支離破碎的生活得到片刻圓滿，讓紛擾的內心獲得清淨的智慧。這種智慧說起來很簡單，無非困來眠，饑來食，安安穩穩活在當下。

管好自己的念頭，在一言一行中修行。說話前，把即將出口的語流在心中過濾一遍，濾掉其中的抱怨、指責、謾罵，心平氣和地發表對變幻人世的看法；做事時，且不問能收到什麼好處，做好當下的事情，專心致志於眼前每一個細節，事情結束時自會收穫一份心靈的踏實；想問題時，不執著於已經過去或還未到來的煩惱，認真活在當下，止息煩惱和痛苦，生活其實很簡單。

佛家說：「能盡人心為佛心。」照顧自己的話頭，沒有必要把自己說過的、做過的不漏萬一地謄錄在案；照顧自己的念頭，沒有必要分秒反省，動輒得咎；修行不一定剃度出家，身在禪房，每日念佛吃齋。佛門子弟這樣修行還好，如換作俗世常人，修行恐怕會影響正常的人生軌跡。

不去向佛陀、菩薩悔過，就在滾滾紅塵中修持平常心態、恬然心境。生活的點點滴滴都藏著快樂，深刻的人生哲學就在平常的吃飯睡覺間。吃飯時專心吃飯，睡覺時安心睡覺，自然能心境輕鬆，不急不緩地在凡常中得到超脫之樂。

讓妄想跟妄想本身打交道

白雲守端禪師在方會禪師門下參禪，幾年來都無法開悟，方會禪師念他遲遲找不到入手，處便藉著機會在禪寺前的廣場上和他閒談。

方會禪師問：「你還記得你的師父是怎麼開悟的嗎？」

白雲守端回答道：「我的師父是因為有一天跌了一跤才開悟的。悟道以後，他說了一首偈語：『**我有明珠一顆，久被塵勞封鎖。今朝塵盡光生，照破山河萬朵。**』」

方會禪師聽完以後，大笑幾聲，逕直而去，留下白雲守端愣在當場。白雲守端想：「難道我說錯了嗎？為什麼師父嘲笑我呢？」

接下來幾日，白雲守端始終放不下方會禪師的笑聲，飯也無心吃，睡夢中也經常會無端驚醒。最後他實在忍受不住，拖著憔悴的身形前往請求方會禪師明示。

方會禪師聽他訴說完幾日來的苦惱，意味深長地說：「你看過廟前那些表演猴把戲的小丑嗎？小丑使出渾身解數，只是為了博取觀眾一笑。我那天對你一笑，你不但不喜歡，反而不思茶飯，寢食難安。像你對外境這麼認真的人，比一個表演猴把戲的小丑都不如，如何參透無心無相

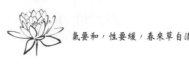

的禪呢？」

白雲守端禪師先是一愣，然後幡然醒悟。我們每天都在和他人、世界打交道，外界的一舉一動倒影在心湖。像白雲守端禪師那樣連他人一笑的緣由都要探究到底，人生豈不是負累無數，難得片刻輕鬆？而這種無法耿耿於懷糾結在本煥長老看來，其實就是妄想在作祟。

可是世間的煩惱沒有長在他人身上，而是源於我們的內心。看到他人有好工作，就愁自己為什麼沒有那般好運氣；看到他人可以輕鬆消費，就憐惜自己需要算計著過日子；看到他家的孩子上了全市數一數二的幼稚園，就擔心自己的孩子輸在起跑線上……

如此愁來愁去，遺憾、不滿、失望等妄想一個接一個，像無數的小蟲子一樣咬得人心疼。在這個過程中，沒有別人的指責、鄙夷，難看、失落皆是自己一手締造的。由此看來，妄想之所以成為妄想，是因為人們總是止不住杞人憂天，那些本來是海市蜃樓般不可觸及的東西，愚人卻偏偏要苦苦跋涉，非要探出個所以然來不可。如此為空想、自欺所累，人心即妄。

對於這樣的自取其辱，本煥長老一面同情、惋惜，一面開示道：「不要怕妄想，怕它也怕不成的。為什麼？因為我們無始以來的習氣、煩惱、妄想，無邊無際，多得不得了；我們有哪一時哪一刻不在妄想中，不在同妄想打交道？沒有妄想是不可能的。那麼，對待妄想該怎麼辦呢？你只管用你的功，讓它找它的妄想好了，只要你不斷用功，妄想自然而然會滅的。」

為了解釋清楚自己的話，本煥長老作了個很好的譬喻，他說：「我們現在住的這個靈泉寺，是惟戒法師一手建成的。忽然有一天，外面來了一個野人，要把他趕走，獨占這個房子。他肯定不會走，肯定要跟這個野人打架拚命的。

「要知道我們的妄想也是我們自己一手造成的，今天我們突然參『念佛的是誰』，想把這些妄想趕走，你想想，這些妄想怎麼會答應呢？它們會跟你打架拚命的。打架拚命怎麼辦？你不要怕它，怕也怕不了；你也不要有心去除它，有心去除它也除不了。」

簡單概括本煥長老的這番話，就是說讓妄想跟妄想本身打交道，別人無意說出的話，不去探究是否因為自己做錯了什麼；看到別人擁有的，可以讚美，可以恭賀，但不去希求，看看自己手中已有的，其實這些已足夠安然度日……總之不要在一個無謂的念頭上來回兜圈，果敢地撇下那些如無根清風一般的妄念，輕輕鬆鬆地走自己的路。

有句佛語叫「掬水月在手」，蒼天的月亮太高，凡塵的力量難以企及，但是開啟智慧，掬一捧水，月亮美麗的臉就會在掌心微笑。面對生活中各種紛繁複雜的問題也應有此心境，不要一心攀摘得不到的，而要以智慧心發現生活的千般美麗。

「百年三萬六千日，不在愁中即病中」，古人的詩句可謂一語道出了人生苦惱的境地，苦惱、妄念人人不可躲避，它可大可小，關鍵還是要看人心深處是否有過分的欲望和攀比心。有，欲望和攀比就會放大妄念，將人引向苦悶；沒有，妄念對人就不會有什麼影響，且留它們在原地。這種看似沒有作為的處置方式，在本煥長老看來卻有著斬草除根的徹底性，他說：「對待妄想，宗門下用功要『斬草除根』。」從心底裡把妄念揪出來，乾脆、果敢地出離自討沒趣的陷阱，從容淡定地遠離煩惱，會體驗另一種生命，另一番境界。

佛法認為，一切世相本由心造。以妄念挾持的心觀世，世界就好似一間緊閉門窗、裝滿煩惱的屋子，每個人都被關在這間密不透風的屋子裡，像一隻只焦躁的困獸，圍著自己的尾巴打轉，追逐無法得到的安寧。

如果能夠靜心抬頭，為自己開一扇窗，便看得見廣闊晴朗的天空，心中的妄念好似天邊浮雲，轉瞬便會消逝。生活有了繁雜才顯真實，煩惱根本沒有必要，不徐不疾地對待紛擾才能身心舒坦。

淡看得失滅心火，禪來纏去

粉壁朱門事甚繁，高牆大戶內如山；
莫言山林無休士，人若無心處處閒。
——唐．龍牙

世間的好與壞原本就是一體，如果能夠不汲汲追求好，也不厭惡逃避壞，就不會被外境左右而忽喜忽悲，就能在患得患失的浮躁中讓靜下心來。世界喧囂，人生寂寞，如果希望自己快樂，就要調整觀念，將煩雜的心念轉移到「放鬆」上來。放下心中的妄念，放鬆身體，放鬆心情，保持一顆淡定之心，摒棄喧囂，享受寂寞，從容觀望每一道路過的風景。

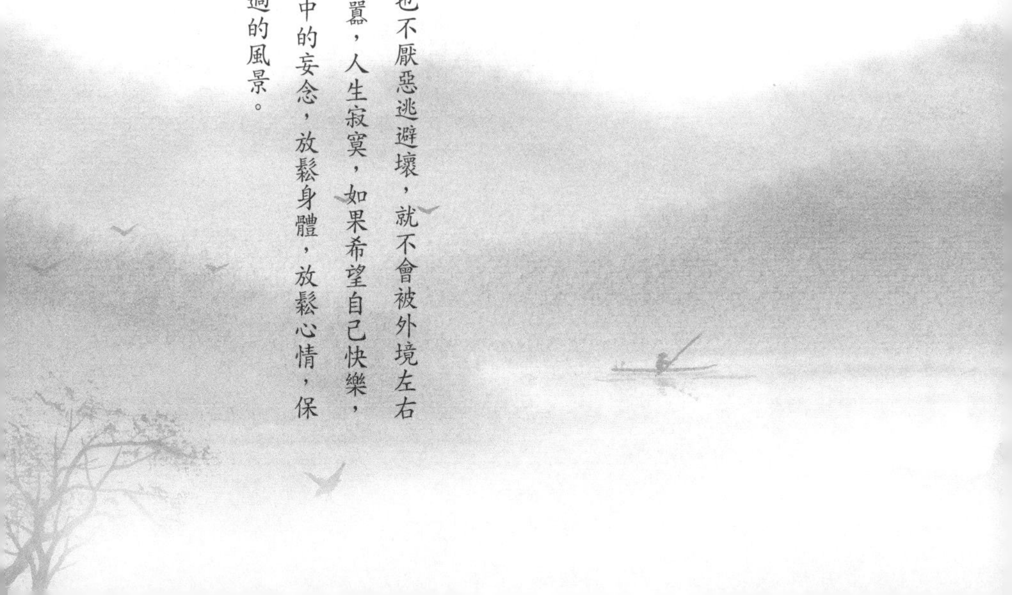

工作忙心不忙，事情亂心不亂

弘法寺由本煥長老一手創建，因地處深圳這個城市，所以香客多為擁有高學歷的年輕人。當今生活節奏越來越快，人們需要為自己做各種周密而細緻的盤算，權衡可能有的各種收益與損失，卻無法為自己的生活和心靈留有一份空隙。因此，很多人都在無休止的忙碌中心力交瘁，只為尋找一處心靈的安憩之所。

身在俗世操勞一生，卻能心安身安，這著實是一件不容易實現的事。鑒於此，弘法寺對自身的定位是：以積極的態度參與社會，為忙碌的人們提供身心和諧的場所。

其實，忙碌的人不僅是城市中的人群，弘法寺的方丈印順法師也是如此。2008年接任方丈職務以來，印順法師一直為寺中各種事務忙碌不已。一次他接受記者採訪，記者問：「你每天要見那麼多人，辦那麼多事，對你修研、思考和管理有沒有影響？」

印順法師笑道：「只要像本煥老和尚所說『事忙心不忙，事亂心不亂』，那就一切都有序。」

本煥長老一句「事忙心不忙，事亂心不亂」，好似一泓清泉，灌入今人焦渴的心靈。佛家說：「心如工畫師，能畫種種物。」心好比一位畫師，能畫出各種各樣的風景。心念一轉，苦樂便只在一念間。好比面對同樣多的事情，有人為世事所叨擾，忙得焦頭爛額，有人卻能泰然自若地悉數處理完畢。生活的智者總是懂得在忙碌的生活之外，存一顆閒靜淡泊之心，寄寓靈魂。他們雖因忙碌而身體勞累，卻因為心境清涼，將忙碌也變成一種歡喜。

心中有清淨的力量，便能用這種力量去享受生活，放慢自己心靈的腳步，把生活當成一門藝術來細細品味，就算生活的外在忙，可心靈始終是豐盈的。心中有青山，就算是忙，也永遠是「氣定神閒的忙」。

忙碌的確是一種生活狀態，但不可任其成為心靈的常態。若只能從忙碌中體會到煩惱與紛擾，便很難體驗到遊刃有餘、自由灑脫的心境。在忙碌的步調中，不妨想像即將成就的種種美好，將忙碌的勞累與不快沉澱到心底。保持內心的寧靜，你會發現，世界並沒有想像中那麼擁擠，生活也沒有想像中那麼痛苦難耐。

我們常常不知不覺就加快了腳步，生怕身邊的人將自己拋下，於是在追趕的過程中漸漸失去了平常心，變得焦躁不堪，忙中出亂。給自己留有空隙，才有餘地轉身和後退，在匆忙的人生行程中保持從容。有空隙，相容更多東西，才有可能達到更高的境界。

有一個僧人向禪師請教如何開悟。

他說：「我每日早起早睡，勤打坐勤念經，心無雜念，為什麼還是無法開悟？」

禪師交給僧人一個葫蘆、一塊鹽，叫他將葫蘆裝滿水，再把鹽倒進去。「鹽一溶化，你就會開悟了。」

僧人照禪師所說的去做，過了一會兒，他向禪師抱怨：「我把鹽塊裝進葫蘆，可是它還是化不了，葫蘆口太小，拿一雙筷子伸進去，卻攪不動。看來我沒辦法開悟。」

禪師拿過葫蘆，倒掉一些水，然後搖晃幾下，鹽一下子就化掉了。

僧人露出困惑的表情。

禪師說：「從早到晚不停用功，不留一點間隙，即使心無雜念，可是連平常心也沒了，就像裝滿水的葫蘆，搖不動又攪不動，如何化鹽，又如何開悟？」

學僧仍舊不解：「不用功也可以開悟嗎？」

禪師耐心道：「修行如彈琴，弦太緊就容易崩斷，弦太鬆又發不出聲音。保持平常心，不忘給自己留一點空隙，才能悟道。」

學僧終於有所領悟。

「修行如彈琴」，禪師的話聽起來很精妙，其實只不過說明了一個平凡的真理：過猶不及。琴弦繃得太緊或太鬆，都彈不出美妙的音樂，心也是如此，太過緊張焦慮，會導致壓力和煩惱纏身，太鬆弛懶惰，又會一事無成。

「過猶不及」之中也蘊含著一種禪機。心中有禪意，便能使每一件生活瑣事都充滿美的氣息，無論工作行程如何緊張匆忙，都能保留一份優雅與從容。

一大早去上班，剛忙完了瑣碎的事務，可能就接到開會的通知，開完會，又要馬不停蹄地會見客戶，見完客戶又要趕赴別處，好不容易回到辦公室了，發現要處理的事又積了一大堆。一天忙下來，行程排得滿滿的，時間上毫無空隙。

但緊張匆忙的只是身體，而不是心靈。倘若內心被外界的緊張所帶動，一有問題就著急慌亂，不能保持沉著，自然就會被繁多的事務牽著走。相反，在腳不沾地的匆忙中，若能做到心態上遊刃有餘，便不會為外界的「忙亂」所影響。

工作是忙不完的，所以工作要「趕」，但不要「急」，應該忙中有序地趕工作，而不要緊張兮兮地搶時間。與其被忙不完的工作所驅使，不如在自己的能力範圍之內，坦然面對，做得到的去做，做不到的不強求。

積極的職場人，總是能夠將手頭的工作理出大小內外，輕重緩急，從而按部就班，有次序地一件一件解決，這樣做，既可以保證工作效率，又能保持從容不迫的心情。

平靜面對「得」，微笑面對「失」

《趙州禪師語錄》中有這樣一則：

問：「白雲自在時如何？」

師云：「爭似春風處處閒！」

天邊的白雲什麼時候才能逍遙自在呢？當它像那輕柔的春風一樣充滿閒適，本性處於安靜的狀態，沒有任何的非分追求和欲望，放下了一切，它就能逍遙自在。白雲如此，人亦然。

跟隨本煥長老多年的中勇法師曾說：「師父的修為，已經到了十年不起一個妄念的地步。」十年不起妄念，意味著一切外物都不在長老心上，一切起伏都無法干擾他。當時，長老已百歲零四高齡，出家已八十二年，修為高深，早已達到萬緣放下的境界。

當下的人日日活在緊張繁重的工作中，複雜的人際關係中，煩惱纏身，難有片刻自在。有人就有煩惱，有事也會有煩惱——一切的煩惱都在人事中。但煩惱產生的真正原因卻不是人事，而是人心的計較：為了維護面子、利益，在人際關係中不肯退讓；為了地位、名聲、金錢，在職場和事業中錙銖必較。

有計較，歸根結底是念頭太多，心量不夠，心靈一直被囚禁在窄小的空間裡，放不下分毫的得失。天地何其廣闊，有多少事等待我們去做，沒有氣吞八荒的胸襟，一味地計較抱怨，便無法容納生命裡的痛苦。生命是汙穢的川流，要含納這川流而不失其清潔，人必須成為大海。

一位禪學大師有一個老是愛抱怨的弟子。有一天，大師派這個弟子去集市買一袋鹽。弟子回來後，大師吩咐他抓一把鹽放入一杯水中，然後喝一口。

「味道如何？」大師問道。

「鹹得發苦。」弟子皺著眉頭答道。

隨後，大師帶著弟子來到湖邊，吩咐他把剩下的鹽撒進湖裡，然後說道：「再嘗嘗湖水。」

弟子彎腰捧起湖水嘗了嘗。

大師問道：「什麼味道？」

「純淨甜美。」弟子答道。

「嘗到鹹味了嗎？」大師又問。

「沒有。」弟子答道。

大師點了點頭，微笑著對弟子說道：「生命中的痛苦是鹽，它的鹹淡取決於盛它的容器。」

願意做一杯水還是一片湖，每個人都有自己的答案。如果內心的容量只是一杯水，那麼，面對痛苦便只能自食苦果。竹子妨礙不了流水，高山阻擋不了雲煙，一個人心裡開闊了，一切也就開闊了。

在現實生活裡，經年累月酸甜苦辣的日子，假如能將生老病死的無常、榮辱得失的好壞都不掛在心上，那人生就迎來了最好的時節。本煥長老常說「把握機會，放下萬緣」，其實是教人將頭腦中固有的習氣、觀念放下來，用新的眼光和態度去面對外界、面對內心。

在剛收印順法師為弟子時，長老每每交代一些不可能完成的事情讓他去做。等到印順法師竭盡全力完成時，長老卻早已忘記交代過的事。無論弟子做什麼，長老永遠都說他是錯的。

印順法師曾說：「當時真有一種上天無路、入地無門的感覺，連痛苦、絕望的念頭都生不起來。後來我才理解，這是師父治我們凡夫『我執我慢』習氣的一種訓練——他把你以前頭腦中建立的東西擊得粉碎，然後把你真正的信心、真正的智慧、真正的自信從內心深處訓練出來。」

長老獨特的訓練方式使印順法師得以蛻變。後來，長老再罵他，他能夠坦然微笑以對，因為真正不動搖的信心已經從內心深處生髮出來，不會輕易被外界左右。

縱然無法達到長老的境界，我們也可以試著鍛鍊自己放大心量，保持心靈的靜定，讓自己在喜怒哀樂面前應付得過去，排解得開。從點滴小事入手，試著讓自己放下對名聲的計較，不要聽到好話就歡喜，聽到壞話就苦惱；試著放下對些微得失的在乎，平靜對待得，微笑著面對失；試著放下對自我的過度維護，對人事能包容接納，待人時時能退一步、饒一著。

心頭火起時，常生慚愧心

當人的思想、見解和觀念得不到他人的理解時，通常會與他人產生對立、分歧、辯論，甚至爭鬥。每個人都堅持自己的主張、立場、觀點、生活方式，因而人與人之間難以和諧共處。

有時候，父母看到孩子沒有按自己的要求做事，很容易生氣；妻子看見丈夫回家後往沙發上一躺，什麼也不幹，也容易生氣；上司看到下屬陽奉陰違，自然要發火；下屬嫌上司不體諒自己，也滿腹怨言。

歸根究底，這些怒火都是因為別人不順自己的意而起。人都不喜歡別人對自己發火，但輪到自己時，才發現控制怒氣實在太難。身邊不順眼、不順意的事那麼多，怎麼制止得了內心隨時發生的火災呢？

「不要責怪別人，要常生慚愧心，不生煩惱。」一本煥長老曾語重心長地勸導人們。佛門常用「火」來形容嗔恨心，強調一念嗔恨帶來的傷害正如火災所造成的破壞一般。心頭火起時，應退後幾步，看清楚怒氣的來源。怒氣的源頭並不在別人身上，而在於自己內心。在那裡，憤怒的種子早已被種下。

當胃違逆我們的意願，絞痛不已時，為什麼不衝胃發火，罵它不聽話？因為發火沒有用，生氣也不能減輕痛楚。當然，我們也很可能會痛得發脾氣，但仍然會服下藥片，安撫自己的胃。因為胃是自身的一部分，所以不必對它發怒。

可見，我們缺少的是對自我的「慚愧心」。若在遇事時能夠先反省自身，從自己身上尋找原因，那麼，就不會生起責怪、抱怨他人的心，就不會有那麼多不順意、怒火、煩惱。

「慚愧心」就是懂得剖析自己，在不斷地自我否定、自我省察中實現成長和提升。本煥長老雖為佛門泰斗，受人景仰，但他自己時常說：「大家對我很稱讚，我本人很慚愧，對國家、社會做的事情還不夠。」無獨有偶，近代高僧弘一大師也在他的著作中這樣寫道：

「到今年1937年，我在閩南居住，算起來，首尾已是十年了。回想我在這十年之中，在閩南所做的事情，成功的卻是很少很少，殘缺破碎的居其大半，所以我常常自己反省，覺得自己的德行，實在十分欠缺！因此，近來我自己起了一個名字，叫『二一老人』。什麼叫『二一老人』呢？這有我自己的根據。記得古人有句詩：『一事無成人漸老。』清初吳梅村（偉業）臨終的絕命詞有：『一錢不值何消說。』這兩句詩的開頭都是『一』字，所以我用來做自己的名字，叫做『二一老人』。」

恰恰是德行修養高深的高僧，能夠毫不留情地剖析反省自身。而越淺薄、越自滿狂傲的人，越容易將過錯推給別人。老子說：「知人者智，自知者明。」在認識自己的時候，要把眼睛生在心裡，觀察自己；要把嘴巴長在心上，評論自己。

在反省的過程中，要先認識到自己的缺點，再肯定自己的優點。這就像照鏡子一樣，如果看到鏡子裡的自己一臉灰塵、油垢，就不想再面對鏡子裡的自己，於是就再也看不清自己的長相。這種拒絕面對自己缺點的行為只會讓我們自我膨脹。

古人說：「以銅為鏡，可以正衣冠；以史為鏡，可以知興替；以人為鏡，可以明得失。」沒有自省的態度，即使銅鏡、史鏡、人鏡擺在面前，也是視而不見，視若無睹，何談正衣冠、知興替、明得失？

人人都犯過錯誤，但很少有人能自省。因為自省是一次自我解剖的痛苦過程。它就像一個人拿起刀親手割掉身上的毒瘤，需要巨大的勇氣。認識到自己的錯誤或許不難，但要用一顆坦誠的心靈去面對它，卻不是一件容易的事。懂得自省，是大智；敢於自省，則是大勇。割毒瘤可能會有難忍的疼痛，也會留下疤痕，卻是根除病毒的唯一方法。

人生在世，若能時刻自省，常生慚愧心，就不會在斤斤計較中被痛苦煩惱纏身。自省是治癒錯誤的良藥，在我們迷路時，在掉進罪惡的陷阱時，在靈魂遭到扭曲時，在自以為是、沾沾自喜時，自省就像一道清泉，將思想裡的淺薄、浮躁、消沉、陰險、自滿、狂傲等污垢滌蕩乾淨。

毀謗來襲，沉默是最好的回應

星雲大師說過：「佛陀也會遭人毀謗。」

他認為，舉凡世界上偉大的人，都是從譏諷毀謗中成就出來。毀謗有時會打倒一個人，但它打倒的只是懦弱無能的人。而堅定、有抱負的人多以「遇謗不辯」為自己做人處世的準則，即使被冠以惡名，仍泰然自若，不加辯駁。自己行得正、坐得端，就不必在意別人的背後私語。不妄語、不多嘴，即便遭人非議，也相信「清者自清」，相信時間終會淘洗出真相。

對待毀謗，要一面保持沉默，一面深省自己。保持沉默、不去辯白，是對自己人格的信任，對他人的寬容。一個人如果能夠將外界的嗔言碎語當作耳邊一陣風，任它吹來，任它吹去，不為所動，就會省卻很多煩惱。

對別人的閒言碎語不予辯護，這正是修養的工夫所在。生活中總會有各種各樣的遭遇，面對誤會或他人的白眼，沉默是最好的矛與盾，進可攻，退可守，日本著名的白隱禪師就能做到遇謗不辯，對加諸己身的誤會不做任何計較。

在白隱禪師所住的寺廟旁，有一對夫婦開了一家食品店，家裡有一個漂亮的女兒。有一天，夫婦倆發現尚未出嫁的女兒竟然懷孕了，頓時震怒萬分。在一再逼問下，女兒終於吞吞吐吐地說出「白隱」兩字。

夫婦倆怒不可遏地去找白隱理論，但這位大師不置可否，只若無其事地答道：「是這樣嗎？」孩子生下來後，就被送給了白隱，此時，他的名譽雖已掃地，但他並不在意，而是非常細心地照顧著孩子——他向鄰居乞求嬰兒所需的奶水和其他用品，雖不免橫遭白眼，或是冷嘲熱諷，他總是處之泰然，彷彿他是受託撫養別人的孩子一樣。

事隔一年後，這位沒有結婚的媽媽，終於不忍心再欺瞞下去了，她地向父母吐露了真情：孩子的生父是住在附近的一位青年。

她的父母立即將她帶到白隱那裡，向白隱道了歉，請求他原諒，並將孩子帶了回來。白隱仍然是淡然如水，他只是在交回孩子的時候，輕聲說道：「是這樣嗎？」彷彿不曾發生過什麼事；即使有，也只像微風吹過耳畔，霎時即逝。

白隱禪師為給鄰居女兒生存的機會和空間，代人受過，犧牲了為自己洗刷清白的機會。即使受到人們的冷嘲熱諷，他也始終處之泰然，只有平平淡淡的一句「是這樣嗎」，其雍容大度，令人讚賞景仰。

在保持沉默的同時，還要深省。深省的目的是看清自己的實力和本質，培養出毫不動搖的自信心。本煥長老說：「受到別人譭謗是自己造業，也是在給別人造業。」所謂「造業」，即人們常說的「造孽」，通俗來講，就是做了不好的事。在受到別人譭謗時，無論這種譭謗是無中生有，還是確有其事，都應先將目光調轉回自身，反省自己平日的行為。

真正的自信心是不容易建立的，必須貧賤、富貴、生死不移，不管是平步青雲一直往上升遷也好，還是一落千丈跌到谷底也好，不論在何種情況下，自己的內心絲毫不動搖。而這種毫不動搖的自信需要藉由平日所說的話、所做的事來建立。要練就「遇謗不辯」的修養，就要能夠無愧地面對自己的一言一行，對自己有充足的信心。

星雲大師從「譭謗不可避免」的角度，教人如何看待、應對譭謗；本煥長老則探尋譭謗的源頭和它帶來的後果，並在此基礎上提出減少譭謗的方法：一是看淡寵辱得失，一是嚴格要求自己。

長老的話道出了催人深省的道理：之所以會被譭謗包圍、打倒，是因為我們給了別人譭謗的理由。受人譭謗其實是我們的惡報，是自己給自己套上的枷鎖，是我們自身的不完善，以及內心不息的偏執、計較造就了它。

倘若能夠不在乎加諸己身的譭謗，不因惡意的譭謗影響自己正常的工作生活，那麼，譭謗自然止息。從另一個角度講，假如對自己嚴格一些，平日裡為人處世警醒一些，謙虛低調一些，也就不會遭受諸多羞辱、誤解和白眼。

把自己擺在低處，不被雙眼蒙蔽

高德高壽的本煥長老作為第四十四代臨濟宗傳人，常被人稱為佛門泰斗。在他百歲壽誕那年，佛教界將編輯出版《本煥長老文集》視為頭等大事，長老本人卻道：「凡對國家、人民有益的就編輯出來，沒有益的就堅絕不要編它。」長老身邊的人都說他是個極謙遜的人，言行也低調。他常說自己還是一個小和尚，在長老百歲零四那一年，他甚至幽默地說：「我還只是一個四歲的小孩子。」

長老所主持的深圳弘法寺與一般寺廟不同。這個位於都市中的寺廟，既不收門票錢，也不賣香火，一切都免費。寺廟中的人都希望這座廟能成為人們的精神家園。長老的弟子說：「老和尚的人格力量是我們寺廟的靈魂。」本煥長老安詳圓寂後，弘法寺追思及茶毗法會中，數十萬人從全國各地趕來祭奠。這正是長老的人格力量感召所致。

佛學界的泰斗，臨濟宗的傳人，慈悲助人的高僧——這些名號隨便拿一個出來，都足以讓人生敬，但長老常說：「我不能把自己放得太高。」「虛心使人進步，驕傲使人落後」這樣平常樸素的道理從長老口中道來，別有深意。人一旦忽視了因緣的幫助，而錯認為所有的成就都來自自身的能力，就容易產生「慢」的心理，變得自大傲慢。過於放大自我，就會產生「一葉蔽目，不見泰山」的後果：被自我蒙蔽雙眼，看不清自己的毛病，自然就無從進步。

從前，有一個學僧在無德禪師座下學禪，剛開始他還非常專心，學到不少東西。可是一年之後他自以為學得差不多了，便想下山去雲遊四方，禪師講法的時候他什麼都聽不進去，還常常表現出不耐煩的樣子。無德禪師把這些全看在了眼裡。

這天，無德禪師決定問清緣由，他找到學僧問道：「這些日子，你聽法時經常三心二意，不知所為何故？」

學僧見禪師已識透他的心機，便不再隱瞞，對禪師說：「師父，我這一年來學的東西已經夠了，我想去雲遊四方，到外面去參禪學道。」

「什麼是夠了呢？」禪師問。

「夠了就是滿了，裝不下了。」僧人認真地回答。

禪師隨手找來一個木盆，然後裝滿鵝卵石，對學僧說道：「這一盆石子滿了嗎？」

「滿了。」學僧毫不含糊地答道。

禪師又抓了好幾把沙子撒入盆裡，沙子漏了下去。

「滿了嗎？」禪師又問道。

「滿了！」學僧還是信心十足地答道。

禪師又抓起一把石灰撒入盆裡，石灰也不見了。

「滿了嗎？」禪師再問。

「好像滿了。」學僧有些猶豫地說。

禪師又順手往盆裡倒了一杯水，水也不見了。

「滿了嗎？」禪師又問。

學僧沒有說話，跪拜在禪師面前道：「老師，弟子明白了！」

學到一點東西就不可一世、盲目驕傲，既可笑又可憐。謙虛的心則如盛了石子、沙子、石灰及水的木盆，總是能盛放更多東西。謙虛的人，因為看得透徹，所以不急躁；因為想得長遠，所以不狂妄；因為站得高，所以不驕傲；因為立得正，所以不畏懼。

禪宗曹洞宗的第五十代傳人、臨濟宗的第五十七代傳人聖嚴法師開始隨東初老人修行時，住在文化館內一間很小的房間裡。生活固然清苦，但他對修行與學習充滿嚮往。然而，東初老人似乎並不急於向他傳經授學。

剛剛安頓下來，東初老人卻找到他說：「聖嚴，我知道你愛好讀書和寫作，所以你需要更大的空間，你搬到隔壁的大房間去吧！」

聖嚴法師非常高興，很快就把自己的衣物搬到了大房間裡。哪知第二天東初老人就對他說：

「你業障太重，恐怕沒有足夠的福澤來享受這麼大的房間。你還是搬回小房間去吧！」

雖然心中稍微有些不滿，但聖嚴法師還是照做了。他本以為搬回小房間之後就能夠隨師父參禪，沒想到東初老人又提出讓他搬回大房間。

這一次，聖嚴法師盡量克制著自己的氣惱平心靜氣地對東初老人說：「師父，我可以住在小房間裡。」聽到這話，東初老人嚴厲地斥責了聖嚴法師，並要求他遵照自己的指示。

隨後的日子，依照師父的要求，聖嚴法師不斷地從大房間搬到小房間，又從小房間搬回大房間。他也曾表達過抗議，但出於對師徒倫理的重視，他最終還是選擇服從。

終於有一天，聖嚴法師突然領悟到這也許正是東初老人鍛鍊自己心性的一種方式。於是，他不再抗議，而是心平氣和地搬來搬去。當他不再猶豫，不再不滿，也不再惱怒後，東初老人就讓他住定不動了。

佛家十分強調修行過程中的心性鍛鍊。這種鍛鍊的目的是為了降伏人心中固有的習性，將心訓練得柔軟、謙和、堅韌，也是為了讓人放下對自我的執著。

人需要看到自己的「無用」：一個人能做到的事究竟有多少？若沒有工人鋪路，恐怕連門都不能出，若沒有水電，更是連生存都會出問題。這個世界需要眾多人的共同努力來保證其正常運行，那麼，個人又有什麼可驕傲的呢？學會適當放大自己的缺點，縮小自己的優點，盡量讓自己不過於突出，方能壓制自我膨脹，擺脫傲慢心理的操縱。

不要活在別人的標準裡

有人說，世間最難做的，是做好自己。無論人有多麼大的才能，多麼高遠的目標，多麼開闊的格局，如果沒有做好自己，一切都將化為虛談。做好自己，首先是要做對自己，不與別人攀比，不羨慕他人，先看清自己具備什麼，擅長什麼。

在生活中，誰都想最大限度地發揮自己的能量，在更大程度上獲得社會的承認。如本煥長老所言：「我們要時刻提醒自己，我們的好處和威望要靠別人來承認。」「好處」既可指人的優點，也可以指做出的成就；「威望」則指好的名聲。無論實際成就還是良好的聲望，自己認可還不夠，還需要別人的承認。

長老的話常帶有一種禪意和機鋒。「靠別人來承認」恰恰代表了一種不在乎他人評價的態度。一個人有了成就，有了名聲，別人自然會承認他；相反，一無是處的人，也無法得到他人的認同。因此，他人的追捧其實是無足輕重的，重要的是自己有沒有拿得出手的、實實在在的成績。

所以，長老這句話並不是鼓勵人們追求虛榮或不切實際的名譽，或迎合別人去做事，而是希望世人藉由「別人」來警醒自己，催自己奮發、進步；同時，也告訴人們不要一味在心底計較好壞得失，計較結果如何，只管盡人事，將一切是非功過都交給別人去評判。

人需要認清自己，正視自己，不因為別人的評價和態度而改變對自己的看法，也不因外界的些許褒貶而停住自己奮進的腳步。

有一位師父，收了兩個小徒弟，兩個人都很想得到師父的青睞，因此都爭著服侍師父。陰雨天氣時，師父多年的風濕病犯了，因此叫兩個小徒弟輪流為他捶腿，大徒弟捶左腿，小徒弟捶右腿。

一天夜裡，輪到大徒弟捶腿，師父對他說：「你看你，力大如牛，捶得為師的腿很痛，你的小師弟就不同，力道不疼不癢，恰到好處，你應當多向他學習。」

大徒弟聽了心裡很不服，他想，一定是小師弟在師父面前搬弄是非，才讓師父對自己不滿。輪到小徒弟捶腿時，師父又說話了：「你捶腿就像隔靴搔癢，一點都沒力氣，你應當多向你師兄請教，他捶得盡心盡力，十分周到。」

小徒弟聽了，忿忿不平，也認為是師兄工於心計，對師父說了壞話。

兩人於是從此交惡。

其實，師父的本意是以佛眼視眾生，人人皆是佛，因此勸二人互相效仿尊重。可惜兩人一副凡夫心腸，各懷心結，彼此嫉妒猜疑。

現實生活中，有些人丟棄自己的意願，活在別人的標準裡，在別人的評判裡找尋自我的價值。別人的一句詆毀足以泯滅他們所有的信心，別人的一個眼光就能擾亂他們應有的方寸，這樣的人活得沉重。

天生我材必有用。每個人都是獨特的，無須過多考慮別人的評價，自己尚且有不瞭解自己的時候，更何況別人。活在自己的心裡，堅信自己心內的力量，便不用活在他人眼中，便能成就一份生命的坦然。

要做到這一點，首先必須根據自己的特長和愛好，選準適合自己扮演的社會角色。一個人不怕沒有地位，而是怕沒有什麼東西能讓他站起來，每個人都有自己的優勢，都能開拓出自己獨有的人生之道。

其次，在為理想奮鬥的過程中，不管境遇如何，都要相信自己，不自輕自賤，不對自己產生懷疑。否則，即使再有才能，也如同蒙塵的珠玉，只會被人視為毫無價值的沙粒。

再次，過分自信就是自負輕狂，要稱準自己的重量，認清自己能力的底線。

人無法改變別人的看法，但可以保持一個真實的自己。想要討好每個人是愚蠢的，也是沒有必要的。與其把精力花在獻媚別人，無時無刻地順從別人上，還不如把主要精力放在踏踏實實做人，兢兢業業做事上。

不怒如地，不動如山，心境澄明

一住寒山萬事休，更無雜念掛心頭；
閒書石壁題詩句，任運還同不繫舟。
——唐．寒山

人活在世界上，要活得安然，首先要修一顆安於當下的靜心。如果把這番心境比做一汪湖水，生氣、慌亂會讓鏡湖起波瀾，如此便不得安然。當外界的人和物與我們作對時，要學會釋然面對，給怒氣、抱怨一個釋放的出口，不要讓它們擾了心湖的寧靜。

每天去除雜念，抱怨不生

本煥長老給人講解參禪、靜坐的方法時，經常特別提醒人們要清除心中的雜念。在他眼中，佛家入定參禪，為的是把自己的思想打成一片，而要想到達這種境界，有髮絲那般大小的雜念都不能成。因為心中雜念升起，便會占用屬於安然的空間。就像荷塘裡水藻瘋長，會搶占魚兒的氧氣一般。

雜念於修行者來說是路障，於凡塵眾人來講是所有抱怨產生的源頭。心中有雜念的人，若不知覺，就會把有雜念誤當作為理所應當。因此一旦雜念在他們的頭腦中落根，他們的心中就會有罣礙，有比較、計較。比較完了，得出別人有而自己沒有，別人受到讚揚而自己沒受到，就會有抱怨。

「抱怨」存在於生活中的每一個角落，每個人都有自己要抱怨的事情，似乎每個人都理直氣壯，卻忽略了幸福源自珍惜，生活不是攀比。當這些牢騷與抱怨化作心靈天窗上厚厚的塵埃時，燦爛的陽光無法照進心田，漫天的花雨不能被看見，這時雜念唯一的用途就是任由抱怨帶給人們雪球一般越滾越大的煩惱。

抱怨是無止境的，因為生活從來都不完美。既然能比較出一處缺陷，自然就能計較更多的缺失。抱怨是一種「心魔」，一旦沾染上就難以擺脫。現實生活中有很多這樣的人，他們總是怨氣沖天，牢騷滿腹，總覺得別人欠了他們，社會欠了他們，從來感覺不到別人和社會為他們所做的一切。倘若無休無止地抱怨，就不會想到去改變，也就不會有所成就。

佛陀經過了多次輪迴才終得正果，他想知道世間其他生命如何看待自己這一世的修行，便詢問眾生：假如可以重新選擇，眾生將會怎樣選擇今生的生活。

眾生的回答令佛陀大吃一驚。

貓說：「假如讓我再活一次，我要做一隻鼠。我偷吃主人一條魚，會被主人打個半死。老鼠卻可以在廚房翻箱倒櫃，大吃大喝，人們對牠也無可奈何。」

鼠說：「假如讓我再活一次，我要做一隻貓。吃皇糧，拿官餉，從生到死由主人供養，時不時還有我們的同類給牠送魚送蝦，很自在。」

豬說：「假如讓我再活一次，我要當一頭牛。生活雖然苦點，但名聲好。我們似乎是傻瓜懶蛋的象徵，連罵人也都要說蠢豬。」

牛說：「假如讓我再活一次，我願做一頭豬。我吃的是草，擠的是奶，幹的是力氣活，有誰給我評過功，發過獎？做豬多快活，吃罷睡，睡罷吃，肥頭大耳，生活賽過神仙。」

鷹說：「假如讓我再活一次，我願做一隻雞，渴有水，餓有米，住有房，還受主人保護。我們呢，一年四季漂泊在外，風吹雨淋，還要時刻提防冷槍暗箭，活得多辛苦呀！」

雞說：「假如讓我再活一次，我願做一隻鷹，可以翱翔天空，任意捕兔捉雞。而我們除了生蛋、報曉外，每天還膽戰心驚，怕被捉被宰，惶惶不可終日。」

最有意思的是人的答卷。

不少男人填寫：「假如讓我再活一次，我要做一個女人，可以撒嬌、可以邀寵、可以當妃子、可以當公主、可以當太太、可以當妻妾……最重要的是可以支配男人，讓男人拜倒在石榴裙下。」

不少女人的答卷填寫：「假如讓我再活一次，一定要做個男人，可以蠻橫、可以冒險、可以當皇帝、可以當王子、可以當老爺、可以當父親……最重要是可以驅使女人。」

佛陀看完後，重重地嘆了一口氣：「為何人人只懂抱怨？若是如此，又怎會有更加豐富充實的來世？」

佛陀的一聲嘆息承載太多遺憾。倘若只懂抱怨，那麼不管有什麼樣的來世，都不會滿足。一顆只會抱怨的心，無法理解每一種生命的獨特和美好。

一位哲人說：「世界上最大的悲劇和不幸就是一個人大言不慚地說：『沒人給過我任何東西。』」脫離抱怨的枷鎖，我們才能用心感受生命中的幸福。

很多人一早醒來，看著窗外灰濛濛的天色，脫口而出便是一句抱怨。儘管只是一句很普通的關於天氣的牢騷，但抱怨的語言已經將他們的心緒帶進了消極之中。整整一天，這樣的消極語言很可能會一而再、再而三地出現，那麼，在天空的陰雲之下，心裡的陰雲也會持續存在。

當內心的抱怨萌芽時，不妨試著修習呼吸。對呼吸的覺察和關照是留意心念變化的有效手段，因為呼吸是連接生命與意識的橋樑，它能讓身體和心靈合而為一。感覺呼吸的過程，就是看住心念的過程，不讓雜念的種子落入心田，避免抱怨的芽苗在貪欲的慣養下瘋長。

每天早上，坐在床上修習呼吸，專注於自己的呼吸，可以在心裡計數，盡量使呼吸保持輕柔，盡量延長呼氣與吸氣的間隔，想像身體裡的汙濁之氣一掃而空。呼吸的時候，就將呼吸當作生命裡最重要的事，同樣，做任何事情都可以保持這種專注心。這樣一來，雜念便在一呼一吸間排出了身心，從而放鬆了心靈。

呼吸過後，可以對窗外的陰雲露出微笑，因為它們並不能干擾到我們寧靜平和的心，在這種安寧的氛圍中，不妨以同樣的心境享受一頓美味的早餐，開始充滿喜悅的一天。

修 一顆不為外界所擾的專注心

一位得道高僧來到一座無名荒山，山間茅屋閃爍金光，高僧料定此間必有高人，遂前往一探究竟。

原來，茅屋中有一位老人，正在虔誠禮佛，老人目不識丁，從未研讀佛經，只是專注地念著大明咒：「唵嘛呢叭咪吽。」高僧深為老人的修為所感動，只是他發現老人將六字真言中的兩個字念錯了，他指點老人正確的梵音讀法後便離開了，想老人日後的修為定能更上一層樓。

然而，一年後，他再次來到山中，發現老人仍在屋中念咒，但金光不再。高僧疑惑萬分，與老人攀談得知，老人以往念咒專心致志，心無旁騖，而得高僧指點後總是過於關注其中兩字的讀法，不由心緒煩亂。

專注於心是做人做事的大原則，博而不專，雜而不精，會制約人的發展高度。人一生的時間和精力極其有限，如果想做成一件事情，就需要將自己僅有的時間和精力集中起來完全投入其中，一心一意，心無旁騖。三心二意是成功的大忌，用心不專常導致一事無成。就像鑿井，與其花時間和精力開鑿許多淺井，不如花同樣的時間和精力去鑿一口深井。

本煥長老曾經說過：「用功的人，如果沒有一個慚愧心，沒有一個懇切心，不能夠念念都把心用在工夫上，要開悟談何容易？」長老的師父虛雲老和尚也說：「不論念佛也好，持咒也好，參禪也好，總要認定一門，驀直幹去，永不退悔。今天不成功，明天一樣幹；今年不成功，明年一樣幹；今世不成功，來世一樣幹。」

禪門修行提倡一種不為外物所擾、專注於心的禪定工夫。宋代慧遠大師曾作一禪詩：「**月白風清涼夜何，靜中思動意差訛；雲山巢頂蘆穿膝，鐵杵成針石上磨**。」當年佛陀修行坐禪時，因專注靜心，不動宛若靜物，因此鳥在他頭上築巢。他身邊的蘆葦也因時日漸長，而從他膝蓋下長出。這恐怕是專注的最高境界。

虛雲老和尚也曾因打坐廢寢忘食。他在終南山打坐修行時，有一次煲馬鈴薯，煲起來之後他便去打坐，哪知這一坐就坐得定下去了，而這一定就定了好多天，並且他自己都沒有意識到。

旁邊的人好幾天沒有見他，非常擔心，就過去看望他，見他還在那裡打坐，就把引磬一敲。虛雲和尚睜開眼對來客說：「既然來了，就在這裡和我一起用飯吧！」於是虛雲和尚把煲的那個東西打開一看，裡面的馬鈴薯已經發黴，甚至都長毛了。虛雲和尚都沒有想到，他入定已六、七天了。

人一旦進入專注狀態，整個大腦就圍繞一個興奮點活動，一切干擾統統不排自除，除了自己所醉心的事業，生死榮辱，一切皆忘。如本煥長老所言：「工夫用起來，行不知行，坐不知坐，臥不知臥，食不知味，才是工夫。」

專注地做好一件事，也就意味著時間和精力得到了最高效的運用，自然意味著能夠產生最好的結果。在做一件事情時，用多少時間並不重要，重要的是是否「連貫而沒有間斷」地把它做好了。這需要我們集中精神，直指目標，不輕易被其他誘惑所動搖。經常改變目標，見異思遷或是四面出擊，往往不會有好結果。

具體而言，「專一」的要點在於：定下切合實際、有可行性的目標；制定計劃表，從細處做起，不避煩瑣；將自己要做的事進行歸類，盡量做到「少而精」，摒棄「多而雜」的事務。

放慢腳步，從容解脫疲憊

中國禪宗的初祖菩提達摩本是天竺國香至王的第三個兒子，他自幼參悟佛法，在般若多羅禪師門下修得正果後，提出要外出傳法。在般若禪師的指點下，達摩來到中國傳法。短暫遊歷之後來到嵩山少林寺，開始在五乳峰中峰的一個天然石洞中閉關參禪。

石洞中，達摩整日面對石壁，盤膝靜坐。既不說話，也不持律，終日默然面朝石壁，雙眼閉目，五心朝天。石洞內萬籟俱寂，靜若無人，當達摩入定後，連飛鳥都不知道這個石洞中有人。每次開定後，達摩祖師只是活動一下四肢，飲水吃飯，待倦怠感消逝，體力恢復後繼續坐禪。外界的一切，似乎都與他毫無關係。

入定、開定、入定……如此循環往復，日復一日，年復一年，從西元527年到536年，達摩一個人在石洞中面壁參禪九年，終成為中國禪宗的第一代宗師。這個天然石洞，後來被稱為「達摩面壁洞」，達摩坐禪對面的那塊石頭，也因留下了一個達摩面壁姿態的形象而被稱為「達摩面壁影石」。

本煥長老多次講過這個佛家公案，言語之間流露出對達摩初祖的敬佩，他說：「『若人靜坐一須臾，勝造恆沙七寶塔。』各位想一想，靜坐一須臾之間，能超過這個恆河沙的七寶塔……寶塔終究要化為灰塵，因為這些寶塔都是世間上的，世間上的東西都是有生有滅，有成有住，有壞有空的。但是我們一念清淨，將來都成佛。」達摩靜坐面壁，漸修開悟，見心明性。但靜坐於修禪、頓悟，不過一個形式，本煥長老說達摩入定，重在啟迪眾人領悟入定的心境：不假外求，專注向內求取清淨心。

什麼叫清淨心？息念除妄，一念不生，就是清淨心。說簡單點就是在靜靜地安坐中，把煩惱、焦慮，得到的、沒有得到的，理清楚；把不適合自己、自己強求不來的統統放下，為自己的心靈和手腳鬆綁。明白自己想要的，然後去做適合的事情。靜坐的妙用，就是在匆忙趕路的中途，給自己一個休息的時間，讓我們從疲憊中解脫，從混亂中得到有序，從迷茫中找到方向，從困惑中得到開悟。

慧海和尚獨坐寺內多日，日日抑鬱不語。

師父見狀並不言語，只是挑了一個風和日麗的日子攜弟子走出寺門。

門外是一片大好的春光，天地之間彌漫著清新的空氣，半綠的草芽，斜飛的小鳥，動情的小河……慧海和尚深深地吸了一口氣，偷窺師父，師父正安詳打坐於半山坡上。

慧海有些納悶，不知師父葫蘆裡賣的什麼藥，但只能困惑地跟師父坐在地上。過了一個上午，師父才起身，依舊不說一句話，打個手勢，把慧海領回寺內。

快到寺門時師父突然跨前一步，輕掩兩扇木門，把慧海關在寺外。慧海不明白師父的意思，獨自坐於門前，納悶不語。

天色暗了下來，霧氣籠罩了四周的山岡，樹林、小溪，連鳥語、水聲也變得不明朗起來。這時師父在寺內朗聲叫慧海的名字。

師父問：「外邊怎麼樣？」

「全黑了。」

「還有什麼嗎？」

「什麼也沒有了。」

「不，」師父說，「外邊的清風、綠野、花草、小溪……一切都在。」

慧海頓悟：沉浸在煩悶中，視線會被煩惱遮擋，看不見身旁大好的春光。清風綠野一直都在，只是人們對此視而不見罷了。心中裝滿各種紛雜的考慮與得失，自然無法聞到花香。只有身處安靜的境界中，一切才可尋。我們不必有模有樣地靜坐，果真去靜坐，也不是本煥長老開示平常人的本意，不如給自己一個安靜的時間。

安靜是心靈的平靜，讓人在嘈雜浮華中找到自己的心靈空間。安靜並不是一種懶散、沒有生氣的狀態，而是一種清澈空靈的心靈之境。一旦我們懂得放慢腳步，為自己尋找一方安靜心空，就可以在遭遇困難時重新找回幸福的感覺，也可以從容地面對生活中的壓力和挫折，欣賞到生活中的美好。

我們常常會看到這樣一類人：他們勤奮、努力地工作，但是脾氣暴躁，生活也因此變得混亂不堪。他們無法欣賞美好的事物，只顧匆匆趕路，卻忘了欣賞路邊的風景，從而錯過了自己本該擁有的幸福。

真正能享受平和寧靜的人，是離自我最近、離幸福最近的人。在當今這個忙碌的社會裡，人們會因各種各樣的事情而狂躁不安，會因自我控制能力的弱化而情緒波動，會因焦慮和多疑而飽受煎熬。只有那些明智的人，才會掌控並引領自己朝著自己原本需求的方向走去。

無論我們在哪裡，在做什麼，要往哪裡去，都應記住：在生活的沙漠中，總會有一片綠洲等待我們去發現，總會有一些花朵在為我們綻放。不妨偶爾放慢腳步，好好欣賞周圍的風景。很多時候，幸福只是躲在安靜背後的一道風景，等待著我們將一切紛亂沉澱下來，去除心靈的陰霾之後，用心去尋找，去發現。

心境澄明，不再胡思亂想

《本煥長老開示集》中有這樣一段話：「我們用功的時候，參究的一方面，一天到晚地行，好好地參一會就能到家。如果你坐在那裡什麼都不參，一天到晚胡思亂想，那不是用功，那叫空過光陰。」他的意思是說，想得越多，頭腦越亂，思緒紛亂不利於參悟佛法。與其空一個皮囊在那裡裝模作樣地打坐，不如先把亂思、亂想理清楚，讓自己少想些東西，少求些東西，讓自己變得簡單些。

詩人曾在詩中寫道：「**人因簡單而豐富，生活也因簡單而充實**。」一個人若追求複雜而奢侈的生活，苦難就會沒有盡頭，不僅貪欲無度，煩惱纏身，而且日夜不寧，心無快樂。複雜往往會浪費生命中寶貴的時間，奢侈則極有可能斷送美好的人生。

人的一生中，會有很多追求、很多憧憬。追求理想的生活，追求刻骨銘心的愛情；也有人追求金錢，追求名譽和地位。有追求就會有收穫，我們會在不知不覺中擁有很多，有些是必需的，而有些卻是完全用不著的。那些用不著的東西，除了滿足虛榮心外，最大的可能，就是成為一種負擔。

這種負擔之所以負累人生，是因為我們貪戀名利，貪戀這個世界上的一切繁華，會為得到它們而胡思亂想。這些思慮交織在一起，形成一張網，讓人不得動彈，僵直難耐。我們總以為人生在世，不盡可能多地得到就無法實現自己的價值，卻不知道得到越多，心中的想法也就越多。於是我們背負著沉重的「擁有」，疲累而苦惱，卻不懂得停下腳步，傾聽一下內心的聲音。

想過美滿幸福的生活，希望豐衣足食，這是人之常情。但是，如果把這種欲望無限放大，變成胡思亂想，變成無止境的貪婪，就會在無形中成為欲望的奴隸。其實，世間沒有非實現不可的貪婪，也沒有什麼富貴人生值得用寶貴的生命去換取。再大的權勢，再多的財富，也終有一日會成空，沒有什麼能夠替代內心的清明自在。清明自在不過源自一份心靈的簡約，我們需要的不過是最簡單的生活。因為簡單使人的思維少些轉彎，讓人順其自然地聽從心的指揮，使我們抓取離我們最近的人或物。

一個農民從洪水中救起了他的妻子，他的孩子卻被淹死了。事後，人們議論紛紛。有人說他做得對，因為孩子可以再生一個，妻子卻不能死而復活。有人說他做錯了，因為妻子可以另娶一個，孩子卻沒法死而復活。

這件事情傳到了當地的寺院裡，寺裡的一個小和尚聽了以後便去問農民為什麼選擇救妻子。農民告訴他，他救人時什麼也沒想。洪水襲來，妻子在他身邊，他抓起妻子就往山坡游。待返回時，孩子已被洪水沖走了。

自然的即是簡單，能在最短時間內抓住能抓住的東西，即是一種睿智。這個農民如果進行一番抉擇的話，妻子和孩子將都被捲進旋渦，片刻之間就會失去性命，結果是一個也救不了。

人一生中，許多時候並沒有機會和時間進行抉擇。抉擇很困難，但也很簡單，困難在於人們總是把抉擇當作抉擇，並為每一場抉擇附加太多的意義，患得患失；簡單在於別去考慮抉擇問題，而是遵循生命自然的方式，像故事中的那個農民一樣，不被多餘的考慮束縛身心，想得少些，活得簡單些，嘗試著在簡單中發現生命真正的芳華。

世間的繁華沒有盡頭，追慕繁華不過是人內心製造的幻影，以為自己得到了它，實際上卻還離得很遠，我們只不過用自己的整個人生為繁華作了一個注腳。在奢望物質豐足的過程中，人最容易喪失自我，因為物質的追求永無止境，而人的生命只有短短幾十年。

想擁有物質不一定就能得到自己想要的那種物質，這就好比帶著枕頭被子出門，沒有得到很好的休息，反而更加累贅。再多的物質也會有不滿足的時候，心靈則因為被物質擠壓，無處容身。如若回歸到簡樸的心靈，貧窮也是富有。因為簡潔，每每能找到生活的快樂而因為執著，時時能感覺沒有虛度每一天。

在有限的生命裡，在每一個與自己相處的瞬間，我們都應該回到最簡單的自我，在和素面自我對話的過程中，獲得一心澄明，一心淡然，回到那個一無所得的時刻，捫心自問，我們是不是在擁有的同時失掉了簡單，失掉了幸福。

時 時時刻刻，全然地活在當下

佛家常勸世人要「活在當下」。所謂「當下」就是指你現在正在做的事、待的地方、周圍的人；「活在當下」就是要你把關注的焦點集中在這些人、事、物上。

本煥長老說，最值得我們珍視的就是當下的實在。他曾在弘法寺對眾人開示道：「我們真正地用功，要好好地，時時刻刻地把持我們當下一念。」

《金剛經》中說：「**過去心不可得，現下心不可得，未來心不可得。**」意思是說，一切眾生的心都在變化中，就像時間一樣永遠不會停留，永遠把握不住，永遠是過去的。剛說一聲未來，它已經變成現在了，正要說現在，它卻已經變成過去。心不可得，一切感覺、知覺都留不住。因此，面對無可把握的一切，我們只能安住在當下的每一刻，不給自己製造多餘的煩擾與牽掛。

有一天老禪師帶著兩個徒弟，提著燈籠在黑夜行走。一陣風吹過，燈滅了。

「怎麼辦？」徒弟問。

「看腳下！」師父答。

腳下，即當下，當一切變成黑暗，後面的來路、前面的去路都看不見，如同前世與來生，都摸不著。這時，我們要做的是什麼？當然是「看腳下，持當下一念」。通常我們說的來生、前世是我們在自我安慰。遇到今生的不幸，便用前世做藉口，說那是前世欠下的；對今生的不滿，便用來生做憧憬，說可以等待來生去實現。問題是，前世、來生不過一個癡念，人們受不了現實的苦和絕望，才給自己編造了一個夢。

既然我們身處的每一刻都在不斷地成為過去，而且未來終歸無法提前到來，那麼我們不妨把踏實的腳印和無限思量安放在腳下的路上、當下的時間裡。本煥長老口中的「持當下一念」就是在說路要一步步走，做事必須從眼前入手，按部就班地做，投機取巧只會欲速不達。

有個小和尚負責清掃寺院裡的落葉。這是件苦差事，秋冬之際，每次起風，樹葉總是隨風飛舞。每天早上都需要花費許多時間才能清掃完樹葉，這讓小和尚頭痛不已。他一直想找個好辦法讓自己輕鬆些。

後來有個和尚跟他說：「明天你在打掃之前先用力搖樹，把落葉都搖下來，後天就可以不用掃落葉了。」

小和尚覺得這是個好辦法，於是隔天他起了個大早，使勁地搖樹，以為這樣就可以把今天跟明天的落葉一次掃乾淨了，他一整天都很開心。

第二天，小和尚到院子裡一看，不禁傻眼了，院子裡如往日一樣滿地落葉。老和尚走了過來，對小和尚說：「傻孩子，無論你今天怎麼用力，明天的落葉還是會飄下來的。」

世上有很多事是無法提前的，整棵樹的凋零是一個漸進的過程，想早一天從掃落葉的勞累中解脫，一次性地把枯葉搖落，是一種違背規律的妄想。時時刻刻持當下一念，認真地勞作、平實地活在當下，像為枯葉送行一般，邁著平常的步履走堅實的路，才是最現實可靠的生活態度。

不動歪腦筋，持當下正念，是活在當下，除此之外，它還要求全身心地投入生活。

著名的越南高僧一行禪師曾說過：「**生命的意義只能從當下去尋找。逝者已矣，來者不可追，如果我們不反求當下，就永遠探觸不到生命的脈動。**」

如果我們摒除雜念，用心體會當下的這一刻，就會發現這一刻沒有任何思緒，無知無求，達到了一種無心自在的境界。誠如石屋禪師偈子雲「過去事已過去了，未來不必預思量；只今便道即今句，梅子熟時梔子香」，在這番自在的境界中，和芬芳相遇，是因為我們放下了對過去的傷感和對未來的焦慮。

人只能生活在今天，也就是現在的時間中，誰都不可能退回「昨天」或提前進入「明天」。「昨天」是「存在過」的，不可及；「明天」僅是「可能存在」的，同樣不可及。對不可及的事情懷有留戀、抱有期待，即是明知不可為而為之的傻事。

活在當下，並非不回憶過去，不展望未來，而是該做什麼就做什麼，餓了吃飯，渴了飲茶，不為昨天的事犯愁，也不為未來的事煩憂。一旦著手做一件事就專注地把這件事做好，讓他人歡喜，讓自己歡喜。

心為苦樂門，向內看則步步蓮花生

手攜刀尺走諸方，線去針來日日忙；
量盡別人長與短，自家長短幾時量？
——宋．石屋清珙

一個人的富足、安寧、幸福，不在於他擁有得多，而在於計較得少。心的力量是巨大的，心中有滿足感，不計較外界的得失、是非，便能靜定，不生苦惱；心若強大，便能肯定自己，尊重自己，不忘失自己；心若無罣礙，便能在世間安身，在勞累中感受歡喜。

心外求法，多繞冤枉路

馬祖道一在衡山懷讓禪師那裡參學時，很勤奮地盤腿坐禪，雷打不動，心無旁騖。時日久了，並不見什麼成效。

懷讓禪師有心開悟他，就問：「你坐禪是為了什麼？」

馬祖道一說：「坐禪是為了成佛。」

懷讓禪師於是拿了一塊磚頭在庵石上磨。

馬祖道一非常驚訝，問：「師父，您磨磚頭幹什麼？」

懷讓禪師說：「我想把它磨成鏡子。」

馬祖道一更加吃驚了，說：「磚塊怎麼能磨成鏡子呢？」

懷讓禪師微笑著回答：「磚塊既然磨不成鏡子，那坐禪就能成佛嗎？」

馬祖道一心裡一動，立刻請教：「那麼怎麼樣才對呢？」

懷讓禪師說：「這道理就好比有人駕牛車，如果車子不走了，你是打車，還是打牛？」

馬祖道一恍然大悟。

懷讓禪師的話既淺顯，又別具深意。牛車不動，當然要打牛。打車就好比靠坐禪來成佛一樣，只會徒然浪費工夫。做事如果不把握好方向，自然就沒辦法順利達成目的。

人們常說要找準方向人生才走得順暢，所以人們都忙著向外尋求，感情、工作、事業，日夜忙碌於交際、鑽營，奔波於生計和名利，而真正需要注重的內心狀態卻無人在意。無法把握內心的方向，就算得到再多，也沒辦法安然於這份得到，不能從這份得到中獲得幸福，更不能在失去時保持淡定。

在佛教的修持裡寫著「修行切莫心外求法」，心外求法即是外道。本煥長老說：「我們佛家講即心是佛，自己的心就是佛，成佛是求自己的心，是向內去求；而不是講去求他人的心，不是向外去求。」心的力量很大，心中洞明，即使身外一片黑暗，也能照亮外物。

德山禪師在尚未得道之時曾跟著龍潭大師學習，日復一日地誦經苦讀讓德山有些忍受不住。一天，他問師父：「我就是師父翼下正在孵化的一隻小雞，真希望師父能從外面儘快地啄破蛋殼，讓我早日破殼而出啊！」

龍潭笑著說：「被別人剝開蛋殼而出的小雞，沒有一隻能活得下來的。母雞的羽翼只能提供讓小雞成熟和有破殼能力的環境，你突破不了自我，最後只能胎死腹中。不要指望師父能給你什麼幫助。」

德山聽後，滿臉迷惑，還想開口說些什麼，龍潭說：「天不早了，你也該回去休息了。」德山撩開門簾走出去時，看到外面非常黑，就說：「師父，天太黑了。」龍潭便給了他一支點燃的蠟燭，他剛接過來，龍潭就把蠟燭吹滅，並對德山說：「如果你心頭一片黑暗，那麼，什麼樣的蠟燭也無法將其照亮啊！即使我不把蠟燭吹滅，說不定哪陣風也要將其吹滅啊！只有點亮心燈一盞，天地自然成為一片光明。」

德山聽後，如醍醐灌頂，後來青出於藍，成了一代大師。

不管身外多麼黑暗，只要心是光明的，黑暗就侵蝕不了內心。有安定內心的力量，就不會在向外追求安穩和幸福的過程中迷失方向。

正因為「心就是佛」，所以，內心的毛病依靠外面的力量來治療是不現實的。比如，有些人脾氣很暴躁，平常生活中並沒有什麼值得煩惱和生氣的事，但就是控制不住脾氣，經常拿身邊的人當出氣筒。既讓親近的人受傷，也讓自己苦惱。

這種情況下，是去找人算上一卦，或者去寺廟裡拜拜神佛，繞著神像走一圈，轉轉運，還是索性花大價錢找人來做做法，消消災？毫無疑問，這兩種方式都無法從根本上解決問題。因為脾氣不好是嗔心的表現，而嗔並非來源於天性或外界的影響，而是來自心底的毒。

易怒的脾性並不是天生的，它來源於對人對事的「不愛」。對人有怨心，所以不愛；別人做事不能如自己的意，所以不愛；愛自己勝過愛別人，所以容易對人生嗔怒。不懂得嗔由心生的道理，反倒將自己脾氣暴躁的毛病歸罪於天性或命運，當然會找錯解決問題的方向。

很多時候人的「知」是外指的，希望自己能夠瞭解整個外部世界，卻往往忽視了對自己內心的探求。同樣，在解決內心的病變時，也常常寄希望於外界的幹預。這好比煩惱由心而生，人卻不去觀照內心，對治煩惱，反而放縱自己玩樂，或嘗試透過旅行、拚命忙碌等方式來逃避煩惱，這樣當然無法真正擺脫煩惱的侵擾。

正像本煥長老說的：「向外求是心外求法，即是外道知見，實際上什麼都求不到。」在心外求法，只是多繞冤枉路。被自己的脾性或煩惱弄得寸步難行時，記得回到內心，從根源上尋找毛病，然後面對、審視、對治並改變這種毛病，從而讓自己走出內心的圍城，獲得心神的暢通。

除去心中累贅，回歸自然天性

人的本性是自然的，但是在塵世中行走多年，有多少人能保持一顆純淨質樸的初心呢？《羊城晚報》的記者在採訪本煥長老時曾問他：「禪宗要求內在超越。那麼內在超越是透過什麼實現的，是不是透過內在修為、透過修養來實現的？」

長老答：「我們學禪宗，明心見性，就是超越。」

明心見性，即找到自己的本來面目。人們初臨人世時，都還是一個頭腦空空的嬰兒，只懂得餓了要吃，睏了要睡。他們不懂得男女之間的色欲，不懂得功成名就、家財萬貫的榮耀，他們什麼都不知道，只以一顆純真的初心，新奇地觀望這個世界，享受這個世界帶給他們的每一絲歡樂。

然而，進入俗世久了，一顆初心便會變得面目全非。比如，每個人剛走上社會時，都是滿懷希望與抱負，然而遭受多次挫折，經歷艱難困苦之後，一顆原本純真的心就變了：原本爽直的人變得吞吞吐吐，心靈也變得歪曲，喪失了抱負，最後變得窩囊、畏縮。

究其原因，就是因為心中的累贅多了。常言道「初生牛犢不怕虎」那是因為它不懂得虎的可怕，保持著一顆未被任何經驗污染的心。毫無雜念的心就像尚未涉世的赤子之心一般珍貴。

從前有一個老者和一個小孩子生活在一起，奇怪的是，這個老者從來不教孩子各種禮儀和做人的道理，只是讓他自然而然健康地成長。

有一天，一個雲遊四方的僧人，在老者的家中借宿，見孩子什麼也不懂，於是教了他很多禮儀。

孩子很聰明，很快就學會了。晚上，孩子見老者從外面回來，於是恭敬地走上前去問安。老者十分驚訝，就問孩子：「是誰交給你這些東西的？」

孩子如實回答：「是今天來的那個和尚教我的。」

老者馬上找到和尚，責備說：「和尚你四處雲遊，修的是什麼心性啊？這孩子被我撿來養了兩三年，幸好保持了他一片天然可愛的本心，誰知道一下子就被你破壞了！拿起你的行李快出去吧，我家不歡迎你！」

當時已經是傍晚，外面還下著淅瀝的小雨，但是生氣的老者還是將和尚趕走了。

小孩秉持天然個性成長，和尚卻用俗禮污染，被老者趕出家門著實不冤。人無識，便心境明澈；無知，便身無煩惱。如此做人，才是最本真的方式。

生存於世，品嘗過失敗，便會畏懼失敗；品嘗過痛苦，就會逃避痛苦；品嘗過財富和權勢的味道，便要死死抓住，不肯放開手。久而久之，心越來越沉重，各種無用的累贅堆滿心靈的每個角落，一絲空隙都沒有。漸漸的，人便會什麼都不敢嘗試，什麼都不肯輕易丟棄，於是再也看不見身邊的風景，再也感受不到快樂和安寧。因為失去了用新奇的目光觀望世界的那雙眼，失去了最初充滿童心童趣的自己。

除去心中多餘的累贅，時不時地為心靈騰點空間，才能逐漸回歸自然的天性，看見自身的美和世界的美。年齡的增長不是問題，一顆永保年輕的心才是最重要的。

佛尚在世時，有一次，波斯匿王帶著群臣，騎著大象出外巡遊。途中，波斯匿王看見一位滿頭白髮的老人從遠處走來，於是便叫停了眾人，讓老人先慢慢走過去，別讓浩大的隊伍嚇著他。

老人本來想在路邊等一等，讓隊伍先走，但是看到隊伍先行停下，也就放心大膽地往前走。老人走過波斯匿王身邊時，波斯匿王微笑著問他：「您老年紀不小了吧？」

老人伸出了四根手指。

波斯匿王納悶了，「四」是什麼意思？難道才四十歲嗎？可是頭髮鬍鬚都那樣白了。

老人望著波斯匿王，露出了天真的笑容，他說：「我今年四歲。」

「四歲？」波斯匿王差異地問道。

「對！」老人十分堅定地說，「不是說我是倒著活的，而是我從四年前聞得佛法後才算真正的開始。那之前，我是糊塗的，懵懂的，甚至虛偽的。如今，雖然我身已老，可是我拋開一切，盡自己的力量付出、佈施，不同人斤斤計較，不為外事掛心，反而身心輕安，越活越年輕。所以，我說，我的年齡才四歲。」

這位老人是真正的智者，身雖老，心卻不老。心之所以不老，是因為不為外事掛心，不為煩惱所役。

人之所以蒼老，是受外界環境和自己情緒變化的影響。而不被年歲所束縛的人，能時時拋開既有的一切，時時回歸自己本性的自然，不執著，不虛妄，做回真正的自己，讓人生中的每一刻，都成為新的起點。

放下羨慕，留一隻眼睛看自己

本煥長老說：「你們要想參禪，就要好好問問自己，找找自己。『我』究竟是什麼樣子？是個紅的，是個綠的？是個方的，是個圓的？還是長的，是短的？」

每個人都有本來面目，只是人太少關注真正的自己，所以看不到。也許有人會說，人最關注的不就是自己嗎？可是，人們通常只關注自己是不是受歡迎，是不是有地位，是不是能成功，而這並不是在看真正的自己。

世人行事往往只會往外要求，整天忙著跟人比較計較，忙著推翻別人豎立自己，終日苦苦追尋身外之物，卻很少有人留一隻眼睛看自己，給自己留一點心靈的空間。

有一個學僧道岫（岫ㄒㄧㄡˋ），雖然精於禪道的修持，但始終不能契悟。看著比他晚入參禪學道的同參，都有不少人對禪有所體會，他想自己實在沒有資格學禪，既不幽默，又無靈巧，始終不能入門，還是做個行腳的苦行僧吧！於是道岫就打點行裝，計畫遠行。臨走時，他到法堂去向廣圉（圉ㄩˇ）禪師辭行。

道岫稟告：「老師！學僧辜負您的慈悲，自從皈投在您座下參學已有十年之久，對禪，仍是一點領悟沒有。我實在不是學禪的根器，今向您老辭行，我將雲遊他去。」

廣圄禪師非常驚訝，問道：「哦！為什麼沒有覺悟就要走呢？難道到別處就可以覺悟嗎？」

道岫誠懇地再稟告：「我每天除了吃飯、睡覺之外，都精進於道業上的修持，我用功就是因緣不合。反觀同參的道友們一個個都回歸根源，目前在我心的深處，萌發一股倦怠感，我想我還是做個行腳的苦行僧吧！」

廣圄禪師聽後開示道：「悟，是一種內在本性的流露，根本無法形容，也無法傳達給別人，更是學不來也急不得的。別人是別人的境界，你修你的禪道，這是兩回事，為什麼要混為一談呢？」

道岫道：「老師！您不知道，我跟同參們一比，立刻就有大鵬鳥與小麻雀的慚愧。」

廣圄禪師裝著不解似的問道：「怎麼樣的大？怎麼樣的小？」

道岫答道：「大鵬鳥一展翅能飛越幾百里，而我只囿於草地上的方圓幾丈而已。」

廣圄禪師意味深長地問道：「大鵬鳥一展翅能飛幾百里，牠已經飛越生死了嗎？」

道岫禪僧聽後默默不語，若有所悟。

成日陷於比較、計較，怎能悟道？大鵬鳥一展翅能飛幾百里，也仍不能飛越生死。看透了這一點，就會明白：人與人之間沒有比較的必要，走好自己的路，就能創造屬於自己的獨特價值。

做事時不要老看著別人，老想著輸贏，而應給自己留一個轉身回頭的空間。在前進的途中，時不時停下來看一看自己，看清自己的長處與短處，明瞭自己想要和需要的，而不是苦苦攀援身外不屬於我們的東西。

有一天，佛陀精舍中來了一位賣傘的老人。他對佛陀說：「我賣了一輩子的傘，每天辛苦地幹活，穿的是粗糙的麻布衣服，吃的是清淡的飯菜，我一點兒也不快樂。」

於是佛陀問老人：「你覺得誰是最快樂的人呢？」

老者說：「肯定是國王了。他有平民供奉，有百官差遣，要什麼有什麼。」

佛陀笑笑說：「那麼我希望你能如願。你自回家等待吧，一切皆有因緣。」

老者沒能體會佛陀的意思，但也只能暫時回家。

第二天早晨，老人醒來以後發現自己身在王宮，百官宮女簇擁著他。他還沒有弄清是怎麼回事，便被人催促著臨朝處理朝政。老人不懂什麼朝政，不懂得如何討論國家大事，一天下來頭昏腦漲，腰酸背痛。

老人自從當上了國王每天都被催促著處理政務，一刻也不得休息，幾天下來老人竟吃不香睡不好，憔悴了許多。於是他開始懷念自己原來的日子。

那時雖然辛苦一些，卻也不至於如此勞累；雖然沒有錦衣玉食，但他做的卻是自己喜歡的事情，每天的日子簡簡單單也很逍遙。也許是因為太累了，老者想著想著便坐在王位上睡著了。

老者一覺醒來發現自己仍在佛陀精舍。佛陀面目慈悲，正看著他。老者看看自己身上仍是粗布衣服，再想想自己夢中的經歷，頓時有所覺悟。

老者拜別了佛陀，回家繼續賣他的傘。從此他再也沒有抱怨過日子不快樂。

佛陀用一場夢讓老者明白，各人自有各人的歡喜與自在，不用羨慕別人，只需做好自己。

每個人都有每個人的活法，感受的境界也是各自不同，最重要的是能感受到自己生命中獨有的意義和價值。不必徒然祈求他人生活中的錦衣玉食，我們也有自己的粗茶淡飯。生活的表象只是代表了不同的活法和不同的道路，能安心自在，就能活出自我。

降伏我心，是非不來

王維詩云：

人間桂花落，夜靜春山空。
月出驚山鳥，時鳴春澗中。

其實這首詩中所展現的已經不只是自然界的美麗，更是詩人內心的寫照，體現了禪心與禪境的完美結合。詩人之所以能守住這份心齋，就在於其心無罣礙，只看到山間花落、月出、鳥鳴的美麗，不見人生的煩惱。

要達到心無罣礙的狀態，並不容易。「我們每個人活了幾十年，一天到晚都在妄想裡頭。」本煥長老的這句話道出了心念起伏難平的現實。世人正因為妄想太多，所以心中念頭不斷，是非煩惱不斷。

本煥長老說：「我們的心很散亂，想東想西，像跑馬燈似的，一刻也不停，我們用功的目的就是要『降伏其心』。」正因為心很散亂，所以會向外貪求、計較。心裡有罣礙，有計較，就會生出不滿、煩惱、怨念。

有位虔誠的佛教信徒，每天都從自家的花園中採擷鮮花到寺院供佛。一天，當她送花到佛殿時，碰巧遇上無德禪師從法堂出來，無德禪師非常欣喜地道：「你每天都這麼虔誠地以鮮花供佛，根據佛典記載，常以鮮花供佛者，來世當得莊嚴相貌的福報。」

信徒非常高興地回答：「這是應該的。我每次來您這裡禮佛時，都覺得心靈就像被洗滌過似的清涼，但回到家中，心就煩亂起來。我該如何在喧囂的塵世中保持一顆清涼純潔的心呢？」

無德禪師反問道：「你以花禮佛，對花草總有一些常識，我現在問你，你如何保持花朵的新鮮呢？」

信徒答道：「保持花朵新鮮的方法，莫過於每天換水，並且在換水時把花梗剪去一截，因為這一截花梗已經腐爛，腐爛之後水分不易吸收，花就容易凋謝！」

無德禪師說：「保持一顆清涼純潔的心也是這樣啊，我們生活的環境就像瓶中的水，我們就是花，唯有不停淨化我們的心靈，改變我們的氣質，並且不斷懺悔、檢討，改掉陋習、缺點，才能持續汲取到大自然的養分啊。」

信徒聽後，幡然醒悟。

無德禪師的話就像一泓清新的山泉，澆灌著人的心田。的確如此，倘若能不斷懺悔，改掉自己的缺點，保持心靈的純潔，那麼無論生活多麼眼花撩亂，都可以化作裝點心靈的花，襯托心靈的美。

人在世間走一遭，其實走的是心靈的旅程。人們常說「身不由己」，人的身體可能會因為外物的牽絆而做出一些有違心意的事情，人的心靈卻是最本真的地方，能真實地體現一個人的內在。人的身體不過是支撐心靈的房子，載著人的心靈和思想在人生旅途中緩緩行走，所以人生在世，重要的是心靈的修持。

去掉心靈的遮蔽，以本色天性面世，不費盡心機，不被無謂的人情、規矩所約束，能哭能笑，能苦能樂，泰然自在，怡然自得，真實自然，保持自己的個性特點，豈不是樂事？

入世太久，諸多人我間的是非、煩惱往往使心靈蒙塵。心靈的雜質太多，就需要清洗；心中的起伏太多，就需要靠自己的力量去降伏。如本煥長老所言：「降伏什麼心呢？就是降伏我們塵勞、煩惱、無明、貢高、嫉妒、人我、是非……這一切一切的心！」

常有人自問，養心多麼不容易。的確，修養心靈，達到超然外物的境界，不是一件容易的事，要用一生去琢磨。然而，養心也不是那麼難以企及的事，養心就是滌心，清除雜念，降伏是非煩惱，保持健康，積極向上，時時自省，日日更新，這樣心靈就能保持清涼乾淨。

不走別人為我們選定的路

很多時候，我們的內心都為外物所遮蔽、掩飾，浮躁占領了我們整顆心，因此留下許多遺憾：

在學業上，由於我們還不會傾聽內心的聲音，所以盲目地選擇了別人為我們選定的，他們認為最有潛力與前景的專業；

在事業上，我們故意不去關注內心的聲音，在一哄而起的熱潮中，也去選擇那些最為眾人看好的熱門職業；

在愛情上，我們常因外界的作用扭曲了內心的聲音，因經濟、地位等非愛情因素而錯誤地選擇了戀愛對象；

……

來自外界的壓力常常令人無法堅持自我，從而做出許多錯誤的選擇。實際上，要做出正確的選擇並不難，本煥長老曾就修禪之道提出選擇的方法：「你覺得哪一個法門好，能治自己的毛病，能與自己相應，就選哪一個法門好了。」很簡單，選擇自己想要的、適合自己的即可。當外界的壓力干涉我們的選擇時，我們只需堅持前行。

為了解開佛經中的困惑，玄奘法師決定到佛教文化的中心——天竺（今印度）的那爛陀寺去求取真經。

於是，他開始著手準備：向長安的印度僧人學習梵文；向在絲綢之路上往來的商人瞭解沿途國家的最新情況；到長安城外走步爬山，強身健體。最後，就是找同行的僧人了。他認為，到佛國朝聖是每個僧人夢寐以求的，何求無伴？可是問遍了長安所有的寺廟，以及在那兒掛單的外地僧人，回應者寥寥。

西元627年，玄奘幾次上書朝廷，申請官文，都未獲批准。其他僧人一個個打退堂鼓，他們勸玄奘再等等，說不定朝廷過段時間就會取消出關的禁令，但玄奘心急如焚，他一天也等不下去了。他偷偷出了長安，踏上了取經之路。這一去，就是十七年。

在天竺，玄奘法師向多位高僧學習佛經，因學識淵博而名揚天竺，被當地大乘教徒譽為「大乘天」，被小乘教徒譽為「解脫天」。西元645年，玄奘法師回到長安，他所帶回的經像、舍利等有數百件，其中除佛像及佛舍利一百五十粒之外，共請回佛經梵文原典五百二十篋六百五十七部。一年後，由玄奘法師口述、弟子辯機記錄的《大唐西域記》成書了，譯經院也建立起來了。隨後，玄奘法師開始了他的譯經工作，他一生共譯經七十五部一千三百三十五卷。

這就是玄奘法師，在別人都不肯冒險取經、朝廷不批官文的情況下，他依然不改初衷，堅持遠行。他一生致力於弘揚佛法，前半生西行求法，後半生譯經撰述，取得了舉世矚目的偉大成就。

一個人若能勇於嘗試別人所不敢做或不屑做的事，便能夠收穫別人所無法獲得的成就和輝煌。被外界無處不在的壓力包圍，猶如身處激流之中，不進則退。若能把壓力當成一種自在、自然的狀態來接受，便不會退縮逃避。平心靜氣接受壓力，堅持自我，就不會給人生留下遺憾。

在學業方面，不要隨意屈從於老師或長輩的意願，以所謂的「熱門」為標準選擇自己的專業，而是要從自己的興趣愛好和能力特長出發，選擇適合自己的、能發揮自我價值的領域。

在事業方面，不應以報酬或物質收穫的多少判定一種職業，而應看它能不能讓自己積極進取，為之奮鬥。我們應從事業中收穫成就感，而不是虛榮心。

在愛情方面，要從心靈的契合度出發尋找真愛。我們應從愛情中尋找幸福，而不是尋覓金錢和地位。

人不應隨便屈服於他人的意見和評價，而應本著對自己負責的心態，在外界的阻力下堅持自己內心的方向。人常常有一種隨波逐流的從眾心理，做事的動機往往不是那麼明確，看到別人怎麼做自己也怎麼做，而不是按照自己的主觀意願去行動。尤其是在通往「成功」、「幸福」、「快樂」等的道路上，一切似乎已經有了約定俗成的標準。可是，長此以往，人就會逐漸失去自我。

不要讓外在的聲音為人生做出決定，要讓內在的聲音來引導自己。不要走別人為我們選定的路，要像本煥長老那樣，清醒地意識到「用功辦道是自己的事，並不是給別人看的」。應做到在無數人的否定中肯定自我，在無數人的打擊中昂然挺立，堅持自己的判斷，不為外物所動。

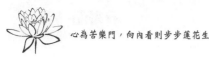

放生也是放過自己

本煥長老曾說：「對於一切蒼生，不管他是大是小，我們都要珍惜他們，跟他們結善緣。」哪怕是一隻小蟲子，在他看來，也應該享受被尊重的權力，他說：「一切眾生皆有佛性，心佛眾生，三無差別；不要以為蟲子小，我們就可以任意處治它們，它們的佛性跟我們是相同的，只是由於他們過去造的業跟我們不同，才落得蟲子身。我們今生若不好好修行，造惡業，將來也會變成蟲子的。」

世間的一切事物都在彼此的因緣際會中生生不息地存在著，存在即為合理，人類雖然貴為自然界的最高生命體，但依然不能主宰大自然，掌控生物分類中低於我們的生物，因為我們也是大自然的一部分，而且也要依賴大自然而生存。從生命本質的層面講，人的生命和其他生物的生命是一樣的。因此本煥長老開示眾人要珍惜蒼生，不能對任何生命草率對待。他口中的蒼生，是包括人在內的所有生命。

本著對萬物的珍重、尊重，佛家持戒第一個就是戒殺生，主張放生。但關於殺生的定義是有待考量的。殺人、害人固然是殺生，但和見血的死亡相比，不悔改、不聽勸，同樣也是殺生，是殺自己。

曾經有個馴馬師來找佛陀，說自己罪孽深重，因為馴馬師感到自己殺了太多的馬，以致心靈難以平復，終日不能成眠。

佛陀便問他：「你是如何馴馬的呢？」

「我馴馬有三種方法：第一個方法是軟，第二個方法是硬，第三個方法是軟硬兼施。」馴馬師老實地回答。

佛陀說：「如果這三個辦法都不行呢？」

「那就只好殺了牠。」馴馬師繼而反問佛陀，「您怎麼教化人呢？」

佛陀說：「我教化人也有三種方法：第一個方法是軟，第二個方法是硬，第三個方法是軟硬兼施。」

「如果這三個辦法都不行呢？」馴馬師繼續問道。

佛陀說：「那就只好殺了他。」

馴馬師駭然道：「您是佛，怎麼可以殺人呢？這豈不是犯了殺戒。」

佛陀說：「你說得對啊，殺生的確是不淨業，不過我說的殺與你說的殺有所不同。一個不接受教化的人，我根本就不理睬他，不就等於他在我的眼中死了嗎？這與殺了他有什麼區別呢？」

馴馬師聞言恍然大悟，以後再也不胡亂殺生了。

佛陀其實是要開化馴馬師的，只不過他轉了個彎。他的意思是，馴馬師殺馬是殺生、是罪孽，如果馴馬師不能明白禪師的話，不得開悟，就會在禪師的眼中死去，同樣是殺生，是罪孽。由此來看，殘酷、草率地對待生命是在殺生，同時也是在殺自己；放生，尊重萬物生存的權力，同時也是放過自己，給自己一條生路。

世間生命本來都有相等的價值，人並不是例外，也一樣是自然的產物，為惡不會讓人在自然當中占據更加的有利地位，只會令自己扼殺自己的前程。而慈悲為懷，珍愛生靈，往往為人迎來善果。

宋朝的永明延壽禪師出家前，曾在餘姚縣擔任稅務官。在任期間，因為他經常買魚放生，薪水用完了，不得已就挪用了公款。後來上級長官派員清查庫錢時，發現他已經挪用了數十萬的庫錢。

依照當時的法律，永明延壽禪師被判了死刑，但永明延壽禪師臨刑時，面不改色，還對他的好友說：「我已經放活了億萬條的生命，今天我是死而無憾啊！」說罷他一心合掌念佛。

當劊子手揮起鋼刀，砍到永明延壽禪師脖子的時候，只聽得「噹」的一聲，大刀斷裂成三節！監斬官將此事奏報文穆王。文穆王也是信佛慈悲的人，見到了奏章，立刻下令赦免永明延壽禪師的罪，還恢復他的官職。永明延壽禪師被釋放後，看破世事，出家學佛，精進認真地勤修戒定慧，被推崇為淨土宗的第六代祖師。

後來有位僧人，每天都圍繞著永明延壽禪師的靈骨塔禮拜，有人問他原因，這位僧人回答說：「我前一陣子生了一場重病，魂被鬼卒引到陰間，見到閻王殿的角落有一軸畫像，閻王親自對著畫像在恭敬的頂禮膜拜。我感到好奇就問旁邊的判官：『這幅畫像上面畫的是誰啊？』「判官回答說：『畫的是永明延壽禪師。凡是人死了以後，都必須經過這裡，唯有永明延壽禪師直接往生西方極樂世界，而且是上品上生，因此閻王對禪師特別尊敬，所以才向禪師的畫像頂禮。』」

如果我們時時以慈悲之眼觀眾生，時時不忘憐憫眾生，看到弱小的生靈，不忍去殺戮，看到弱小的人受苦，不忍冷眼旁觀，那麼當我們伸出援助之手的時候，就等於收起了殺生的刀，不見刀光，內心也必將獲得安樂、平靜。

修謙下心，無傲慢心，結緣為上

不結良緣與善緣，苦貪名利日憂煎；
豈知住世金銀寶，借汝閒看幾十年。
——晉．跋陀羅

一個心中只想著自己比別人好、比別人強的人，不會把他人的感受、成績放在心裡。世界上的情感都是相互的，沒人會喜歡被傲慢者看低。傲慢者應該懂得放下身段，常在心中留一席之地供他人坐坐，為得好人際、好人緣謙下待人，為獲得自我提升將傲慢放空。

平等待人，不論貧富貴賤

唐朝一位禪師與門下兩位弟子坐在山上參禪。周圍的樹木長得非常茂盛，其中卻有一棵樹枯死了。禪師想藉此點化兩位徒弟，便問兩人：「樹是枯的好，還是榮的好呢？」

大徒弟說：「榮的好。」

二徒弟說：「枯的好。」

禪師搖了搖頭，答道：「榮的任它榮，枯的任它枯。」

世間萬物本來一樣，無高低貴賤之分，枯也好，榮也好，都是草木本身。因為人的內心有了差別，感官上不承認事物的同一性，於是將草木分成枯與榮，好與不好。

在佛法的世界中，任何事物都相同。這不是說一切事物看起來都沒有區別，而是指生命與生命之間平等，人與人之間是平等的，並沒有貴人、窮人、普通人之分，也沒有道士、和尚之分。當年佛陀的大弟子須菩提拖缽乞食只「乞富不乞貧」，大迦葉則「乞貧不乞富」，兩位尊者各有各的想法：須菩提認為貧窮的人三餐難繼，不應再向他們乞討食物；而大迦葉卻認為窮人之所以貧窮是因為前世沒有修福，所以今生要給他們佈施的機會。佛陀因此批評他們「心不均等」，也就是待人有偏差。

在佛陀看來，一個修行者不能對貧富有偏差的看法，而是要用「人人是佛」的平等心來看待世間一切眾生。誠如本煥長老所說：「不要認為出了家就高人一等，那是錯誤的。沒有哪個人高人一等，佛法是平等的。」不論是參禪，還是做其他的事情，一旦有了高低之分，心中免不了待人不平。

年紀大了，就倚老賣老，拉不下臉向年紀小的人請教；財富多了，就不可一世，放不下身段與窮人平易相處；地位高了，就趾高氣揚，彎不下腰與下屬打成一片；拉不下臉，放不下身，彎不下腰，都是因為看人不平等，讓人能直不能屈，久而久之免不了要走上自以為是的歧途。

悟緣禪師有一位畫師朋友，有一天這位畫師來到寺裡找他，聊天中悟緣禪師瞭解到，畫師收了一名徒弟，卻不把這位初學作畫的學生看在眼裡，指導作畫也是漫不經心。終有一天，徒弟被畫師的行為惹怒，與畫師產生的衝突。畫師心下煩悶所以來找禪師解悶。

悟緣禪師並沒有多說什麼，只是問畫師：「你是學畫之人，我想請教你一個問題。」

「禪師請說。」

「你站在山上畫一個山下的人和你站在山下畫一個山上的人，哪個大，哪個小？」

畫師想了想說：「自然是一樣大小。」

禪師點點頭，只說：「這便是了。」便不再語言。

畫師不懂，但見禪師沒有繼續深談的意思也便作罷。幾年過去了，有一天，這位畫師拿了一幅畫來找禪師。畫上畫的是山上山下兩個人在對畫，禪師看了以後說：「你明白了？」

畫師說：「明白了。我那徒弟在我那次來找你之後便離開了，這幾年他功成名就，小有名氣。這畫便是他畫的。」

悟緣禪師的話雖然說得含蓄，卻機鋒盡顯，意在告訴畫師，差別待人，必會被別人差別看待。

本煥長老常常這般教育自己的僧徒說：「人並不是個個都要成佛的，大家彼此尊重，互相不要輕慢就可以了。」彼此尊重，互不輕慢是長老交給世人培養平等心的方法。

「彼此尊重，互不輕慢」，其實不過是在與人相處中多幾分善意、真誠，想問題時多些換位思考、為他人考慮。開始和一個人接觸時，不要帶著先入為主的觀念，比如「他曾經很不堪」、「他做人有問題」、「他就是個窮學生」。被這些沒有驗證過的論斷干擾，會不自覺地把自己放在高人一等的位置俯視對方。然而仰視一個人是一件很累的事情，少有人喜歡。

那就放下我們的架子，和他人站在平等的高度，以心換心。以心換心不是強顏歡笑、虛情假意地與對方寒暄，也不是面無表情、橫眉冷對的冷言冷語，而是把自己的心拿出來，發自內心地與他人交流溝通。撕掉自己的虛偽面具，改變自己的冷漠態度，從心底善意地去接受他人，用一顆厚道的心，真誠面對他人。

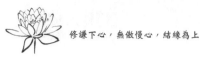

修謙下心，無傲慢心

人一旦忽視了謙下心的修持，而錯認為所有的成就完全來自於自身的能力，就容易產生傲慢的心理。

傲慢的表現分為四種：

第一種是源於不能正確認識自己而自以為了不起的傲慢，卻不一定真正有理由；

第二種是自己覺得強過別人而產生的傲慢心；

第三種是沾沾自喜，自己有了一點小進步，就自覺了不起，變得不踏實起來。

第四種是自我安慰，也就是人們常說的「酸葡萄」心理，自己明明有缺點，卻不肯承認別人比自己優秀，甚至鄙視別人的優點和成就。

無論哪一種傲慢，都是因為一心只安放自己，自己的利益、自己的能力、自己的經驗、自我的保護。這樣的人常常會因為過於以自我為中心而忽視身邊人的感受，掩飾自我的不足，還會漠視甚至傷害身邊的人。傲慢的人往往經受不住挫折，一旦遭到別人的批評或者責怪，就容易憤怒，甚至攻擊別人，以求自衛。

日本明治時代有一位著名的南隱禪師，他境界很高，常常能用一兩句話給人以深刻的點撥。很多人慕名而至，前來問佛參禪。其中有一位官員請南隱禪師為他講解何謂天堂，何謂地獄，並希望禪師能夠帶他到天堂和地獄去看一看。南隱禪師面露鄙夷之色，並用很刻薄的語言嘲笑官員的無知。

官員大怒，立刻讓身邊的差役棒打南隱禪師。南隱禪師跑到佛像之後，露出頭來對著官員喊：「你不是讓我帶你參觀地獄嗎？看，這就是地獄！」

官員頓時明白了南隱禪師所指，心生愧疚，於是低頭向禪師道歉。官員被南隱禪師的智慧所折服，神情之中流露出謙卑之色。

南隱禪師又說：「看啊，這不就是天堂了嗎？」

官員聽到南隱禪師的辱罵後，尚未思考禪師的用意便勃然大怒，是因為他對他人的意見、批評有條件性反射，一念之間，便墜入了地獄；當他醒悟過來，以一顆謙卑心待人時，天堂即在眼前。這就是所謂的「一念天堂，一念地獄」。謙虛能夠助人克服傲慢之心，將人從情緒波動的煉獄之中解脫出來。

本煥長老曾說：「信佛的人要以佛心為心，無驕慢心，而有謙下心，服務他人的心。」參禪的人從中讀出眾生，不參禪的人能從中領悟虛懷於個人修行的效用。一個謙虛的人，會將自己置於一個比真正的自我更低的地方，結果反而能得到更高的提升空間。一個滿心傲慢、為一點進步

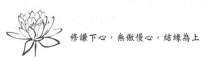

沾沾自喜的人，則會收穫比預期更低的成效。

隱峰禪師師從馬祖禪師三年，自以為得道了，於是有些洋洋得意起來。他準備好行裝，挺起胸脯，辭別馬祖，準備到石頭禪師處一試禪道。

馬祖禪師看出隱峰有些心浮氣躁，決定讓他碰一回釘子，臨行前特意提醒他：「小心啊，石頭路滑。」這話一語雙關：一是說山高路滑，小心被石頭絆了栽跟斗；二是說那石頭禪師機鋒了得，弄不好就會碰壁。

隱峰卻不以為然，他一路興高采烈，並未栽什麼跟斗，不禁更加得意了。一到石頭禪師處，隱峰就繞著法座走了一圈，並且得意地問道：「你的宗旨是什麼？」

石頭禪師連看都不看他一眼，兩眼朝上回答道：「蒼天！蒼天！」（禪師們經常用蒼天來表示自性的虛空）隱峰無話可對，他知道「石頭」的厲害了，這才想起馬祖說過的話，於是重新回到馬祖處。

馬祖聽了事情的始末，告訴隱峰：「你再去問，等他再說『蒼天』，你就『噓噓』兩聲。」隱峰心想：「你石頭禪師用『蒼天』來代表虛空，到底還有文字，可這『噓噓』兩聲，不沾文字！真是妙哉！」想到這裡他彷彿得了法寶，欣然上路。

再次見到石頭禪師時，隱峰依舊做出了同樣的動作，問了同樣的問題，豈料石頭卻先朝他

「噓噓」兩聲，這讓他措手不及。他待在那裡，不得其解，喪氣而歸。他畢恭畢敬地站在馬祖面前，聽從教誨。馬祖點著他的腦門說：「我早就對你說過，『石頭路滑』嘛！」

隱峰之所以認為自己可以和石頭禪師一論禪道了，是因為自滿心、傲慢心放大了他對自己的估量。至於如何摒除傲慢心，修謙下心，還需要從傲慢心的四種分類上對症下藥。

對待自以為是式的傲慢，要從認清自己開始。對自己的優點、缺點統統都心中有數了，才會知道自己幾斤幾兩。在這個認識的基礎上，不對自己無能為力的事情誇海口，即是修謙下心。

目中無人式傲慢，對付它要從他人身上發現優點和比自己強的地方。找到了，不覺得人人一無是處而惡語中傷，即是修謙下心。

沾沾自喜式傲慢，遏制它要時刻提醒自己「當下的我永遠有待提高」。永遠給自己的成長、進步留下空間，「我已經做得很好了」這樣的想法就不會乘虛而入。

自我安慰式傲慢，是對自身缺點的傲慢。給自己一個機會，和另一個自己打一場官司，好好地自我省察一番。

驕傲是一種不幸，謙虛是一種彌補，人不可能天生完滿，卻可以在謙虛中不斷填補天生具有的缺陷、不足。而驕傲自滿，必難吸收有用之物，自然不能以虛懷補空缺。

智慧處事，慈悲待人

本煥長老曾說：「成佛要福德具足，智慧具足。」他認為智慧和慈悲可以互補，禪宗真正的妙法是由智慧流露出來，真正的慈悲也要用智慧的力量去推動，否則亂發慈悲很有可能會淪為濫好人。他說「智慧處世，慈悲待人」，意思是普度眾生需要一點小小的變通的技巧。

不同的人有不同的特點和天賦，在慈悲助人的過程中不能千篇一律，不能採取「大鍋燴」的方法，應當注意「因材施教」。形狀奇怪的樹根如果按照普通的方法做成木材，不過是廢料一根，而如果經根雕家因勢利導、因材施教，稍加雕琢便會成為舉世無雙的工藝精品。一廢變一精，便是因材施教的成果。

佛陀度人，也要分別眾生的才智、根基和目前的狀況，而不會一概而論。不是任何人都能隨時隨地地被佛度化，度人要講究條件，也要講究度化的方法。方法對了，度化才能深化到被度人的內心，使其得到正見，脫離苦海。度人不是棒喝威逼，要以恰當之法真正地度脫眾生，才是佛的真慈悲。

日本著名的一休禪師在房內打坐時，一位信徒向他哭訴自己因為治病而債臺高築，現在債主每天都逼上門來討債，他整日提心吊膽，半夜才敢回家。這樣的日子他不想過了，想一死了之。

一休禪師婉言相勸，問他除死之外還有沒有別的辦法，信徒搖搖頭說：「我除了一個年幼的女兒外，一無所有。」這下可讓一休為難了。

信徒見狀，又大哭起來，說：「可惜我那受苦的女兒，要一個人孤零零地活在世上。」

一休禪師聽到這裡，忙對他說：「我有辦法了，你可以為她找個乘龍快婿，讓女婿來幫你還債呀！」

信徒一聽這話又愣住了，絕望地說：「師父！你有所不知！我女兒是剛剛8歲的幼童，誰又會娶她呢？」

「那你就把女兒嫁給我吧！我替你還債。」一休禪師微笑著對他說。

信徒聽後，大驚失色道：「這……這簡直是在開玩笑！你是我的師父，怎麼可以做我的女婿呢？何況我女兒還這麼小！」

但一休禪師並不在意，只是揮揮手對他說：「沒問題，我做你的女婿，一定能幫你還債，你就趕快回去準備此事吧！」

這位信徒素來十分相信一休禪師的智慧和能耐，回去後立刻向鄰居們宣佈：某月某日一休禪師要到家裡來做他的女婿。於是一傳十，十傳百，一休娶妻的消息轟動了全城。到了迎親那一天，看熱鬧的人把信徒門前擠得水洩不通。

一休見狀立刻在門前擺上桌椅，拿出文房四寶，舞文弄墨起來，接著又拿出《狂雲集》，翻開書，大筆一揮寫下自己的名字。《狂雲集》本來就是集詩、歌、書於一體的著作，再加上一休的簽名，更是錦上添花。眾人見了自然爭相購買，以至於忘了自己是來看熱鬧的。過了不大一會兒，就積了幾大籮筐錢。

一休禪師問信徒：「這些錢夠你還債了嗎？」

信徒高興得幾乎要流眼淚，連連說：「夠了！夠了！多謝師父！多謝師父！」他一邊說，一邊向禪師叩頭謝恩。

一休禪師趕忙將他拉起來說道：「問題解決了，我的任務也完成了，女婿我也不用做了，還是做你的師父吧！」說罷轉身而去。

正所謂世上不如意事常十之八九，善解者無憂無慮，不善解者日坐愁城。能夠以聰敏之心助別人化解危難，這是大愛的一種表現。一休禪師的名聲雖然因這次「娶妻」事件而受累，卻半分不礙他的修行，越發凸顯禪師的修為之深。

佛家講究的慈悲並不是只有單一的形式，懂得選擇適合的形式發慈悲，就是禪家的智慧。有些人像佛祖那樣選擇棄身為人，無悔奉獻；也有很多人為了心中堅持的信念而選擇了怒目金剛，捨身入地獄。慈悲並不一定是後退與忍讓，也不是毫無原則地遷就，而是面對給眾生帶來苦難的罪惡能毫不猶豫地舉起手中的金剛杵捍衛無辜。然而，怒目的金剛寧願拿起金剛杵，掃蕩一切妖魔，換來蒼生的安寧。

慈悲固然重要，智慧亦不可少。智慧是善行的輔佐，慈悲也並不是毫無分別的愚直慈悲。我們為人處世也是如此，如果能把聰明的頭腦用在善事上，就能真正做到濟世救人。

被需要，即是最好的價值

一家寺院經常用化緣所得接濟村裡的鄉民，但是，村中總有些兇悍之人，平日無事也愛刁難出家人，可是到了寺院發放救濟時這些悍民也扶老攜幼前來領取賑濟品。寺裡的僧人們為此不能釋懷，便對主持抱怨說：

「師父，這些悍民實在沒有良心。他們只會來寺裡取好處，需求無度便罷了，卻在得了好處後過河拆橋，平日裡還惡語相向。」

住持看著僧人，淡定地說：「給人利用才有價值。出家人看重的是為善，廣結善緣，村民們利用我們與菩薩結了緣，得了歡喜是大好事。我們能這樣多多給人利用，亦是自己的功德。」

俗語常言：「人不怕被利用，就怕沒人來利用。」從好的方面來講，被利用說明自己是個有用的人，表明自己有存在的價值，而一個人如果連一點被人利用的價值都沒有，也不失為悲哀。正像本煥長老質問徒弟的一句話：「自己不能入道，不發菩提心，又怎能發願度人？」一個習慣性唯利是圖的人，突然信誓旦旦地說今後要專門為人，總歸是要遭人質疑的。

但自利真的就一無是處嗎？在本煥長老的話裡，「自利」有了另一層含義，他說：「我們出家人講『自利利他』。自利就是自己好好用功。自己的工夫用好了，就可以利他。」自利是利他的前提，自己工夫做不到位的人講利他像是在說「廢紙可以用來寫詩作畫」一般，不過是個笑話。

世間萬物的價值只有透過被他人利用才能體現出來。不被他人利用的物品，是沒有價值的物品。沒有利用價值的人永遠只能沉寂下去，有利用價值的人才有機會升職。本煥長老講「自己用工夫」、解「自利」其實是在讓人們主動打造「為他人服務，造化眾生」的價值，主動接受能提升自身實力的歷練。

養蚌人想培育一顆世界上最大最美的珍珠，便去海邊的沙灘上挑選沙子。他一顆一顆地問它們，願不願被利用，沙子問：「怎樣被利用？」

養蚌人說：「要你們住在陰暗潮濕的貝殼裡，那樣的話，你們可能無法在海邊曬太陽了。」被問的沙子瞭解之後，紛紛搖頭。

從清晨到黃昏，養蚌人一次又一次地被拒絕，當他打算回家時，一顆沙子說：「我願意給人利用。」因為，它一直想成為一顆珍珠。

旁邊的沙子都嘲笑它，說它太傻，去蚌殼裡住，遠離親人朋友，見不到陽光、雨露、明月，感受不到清風，甚至還缺少空氣，只能與黑暗、潮濕、寒冷、孤寂為伍，多麼不值得！

即便是這樣，那顆沙子還是隨養蚌人去了。斗轉星移，幾年過去了，那顆沙子真的變成了一顆晶瑩剔透、價值連城的珍珠，而曾經嘲笑它的那些夥伴們，有的依然是海灘上平凡的沙子，有的已化為塵埃。

給人利用之後，沙子成就了自己的價值。生活中也是如此，當我們有被別人利用的價值時，我們就要認真把握自己的機會，堅強地面對，積極解決問題，最後一定會有收穫。一個人只有先在自己這裡把基礎打好，把基本素養修煉好，才能掌控被他人利用的程度，避免任人擺佈。

禪家提倡相互利用，本煥長老讓人自利後，再去利他，是因為相互利用就是相互滿足對方的需要。

世界上的關係都存在這樣一層因果聯繫。上司利用員工的才智、能力，經營、運作整個公司；愛人利用彼此的感情，相濡以沫，絕緣孤獨終老；朋友利用彼此的友誼，煩惱時互吐苦水，高興時共同分享；家人之間利用彼此的親情，尋找依靠、營造家族感；自然之中，動物食用植物，植物吐納空氣，何嘗不是一種利用關係。說到底，「利用」這個詞，不過是一個不含褒貶的中性詞，被利用、利用不過是一種正常的需求所致。

如果要求一個人對自己無私地奉獻一切，並以此作為對方是否是真心、是朋友的標準，那麼這樣的人是很難找到的，不僅別人做不到，自己也是不可能做到的。不論為什麼而活，都是在利用自己的生命在有限的生命裡，做盡可能多、自認為對的事。利用並不是壞事，利用本身也不是什麼難聽的詞彙，鳥兒利用翅膀才能飛翔，帆船利用海風才能遠航。我們利用語言和真誠交流，利用滿心慈悲行滿手好事，即是本煥長老所說的「潛心入禪，依佛心為心」。佛家為度化眾生修參禪、慈悲的工夫，我們做不到這般博愛，就努力把自己做好。

在一定意義上來說，給人利用的前提，無非是自己用功，把自己做好。自身能力不夠，想被上司利用做副手，利益公司，不可能；自身不夠愛對方，想讓對方利用自己陪他看生命的夕陽，不可能；自身不夠誠心，想要被人利用做知心朋友，不可能……以此反觀，人我之間的所有可能都是以自身能夠為前提的。一個不被需要的人，也就失去了生存的意義。

不當自了漢，佈施得富足

有人問本煥長老：「我剛剛參觀了弘法寺的佛堂，發現沒有羅漢，為什麼呢？」

本煥長老用家常的語氣回答道：「我跟你講，我這裡是不供羅漢的。為什麼呢？羅漢是『自了漢』，他追求個人的自我解脫，斷除自己的煩惱，自己好了就行了，他不理眾生，不去救度眾生。我這裡要供菩薩，菩薩是大慈大悲，普度眾生的。」

「那羅漢有意見怎麼辦？」

本煥長老開玩笑似的說：「羅漢有意見？呵呵，那他有意見就找我吧。我就批評他，你為什麼不救度眾生，不解救眾生的痛苦？我修的11座廟，供的都是菩薩。」

所謂自了漢是只知自己溫飽，不管他人冷暖的人，他們常常希求在沒有付出的情況下坐享其成，在沒有給予的情況下收穫。在本煥長老看來，「自了漢」即便獲得了解脫、沒了煩惱，也不過是一個沒智慧的「色殼子」（禪語，指身體、臭皮囊）。因為在他看來智慧是需要犧牲，需要付出的。他曾舉例說：「文殊菩薩成佛後自己不去享福，而是現菩薩身來娑婆世界救度眾生，教化眾生脫離苦海，他是在法佈施啊！」

佛家講佈施，和我們平常講付出、奉獻是一樣的道理，只不過佛家的佈施更決然、更難行，佈施不僅是要付出自己擁有的食物、財物、慈悲，甚至包括奉獻自己的生命。

據《大智度論》載大薩他婆同一夥商人坐船渡海，中途，忽然一陣暴風巨浪襲來，船被擊壞了，海水直湧坐艙，眼看就要沉沒了。眾商人面面相望，急得無路呼救了。

正是危急的時候，大薩他婆想到大海不沉死屍，便向眾商人喚道：「不怕！我救大夥兒出海！快抓牢我的頭髮手腳！」

眾商人一聽這個呼聲，爭先恐後地抓住大薩他婆全身的各個部位。大薩他婆待他們全抓牢了，便快刀揮舞自殺了！

即時，大風吹起，大薩他婆的屍體若浮囊般，載運商人抵達了海岸。

佛陀為利益一切眾生而有所作為，犧牲自我，成就他人。一顆好心，滿手好事。

佛陀降生於古印度，成道後，四處遊化，闡釋人生的真理，廣說佛法之要，教化了無數的弟子。這一天，佛陀親自巡視弟子的房間，看見一位比丘躺在床上，於是問道：「你的身體是否安好，心中是否有煩惱？」這位比丘很想向佛陀恭敬地禮拜，於是努力地想撐起身子，但是因為疲憊不堪，所以根本無法起身。

佛陀見狀，慈憫地來到比丘身旁慰問：「你怎麼病得這麼重，卻無人照顧呢？」

比丘說：「出家至今，我看見病人也不曾細心照料、關懷他人，所以自己生病了，也就沒有人願意前來關心，我真是感到慚愧啊！」

佛陀聽完後，便親自為比丘打掃房間，清洗身體。頓時，比丘身心安穩、全身舒暢，一切苦痛頓時化為清涼。

未得佛陀開示前，比丘是個自了漢，因為不顧及他人，反過來才會被他人惦念。不如像佛陀那般身體力行地去為他人服務，不做自了漢，在心中常留一個付出的管道，不斷輸出我們的同情心、慈悲心、熱心和施與心。在別人遭受不幸時，不冷眼旁觀，送上一句安慰的話，哪怕什麼也不做，也能讓人感受到生活還有奔頭；在別人向我們伸出求救之手的時候，不吝嗇自己的熱心，為救他人於水火而積極奔走；當我們在錢財上有了剩餘，不影響個人基本生活的前提下，施幾分給還在貧窮中掙扎的人……

人們能夠付出的東西很多，可以踐行付出的機會也有很多，所以付出、奉獻並不遙遠，在日常生活中，我們每個人無論工作如何、能力大小，都在有意無意地自我付出著，也在不知不覺中享受著他人付出的成果。

付出是一種精神，體現的主要是給予者的態度，我們宣導付出，為他人、為社會是次要的，對一個付出的人來說主要的是付出能讓人內心富足。付出像天使背部一片輕柔的羽毛，讓人在別人的微笑和幸福中感到溫暖，感到希望。

看得高望得遠，瑣事不掛懷

佛經云：「不可以怨止怨，行忍得息怨，此名如來法。」又說：「未成佛道，先結人緣。」結緣能助成善業，化解惡因，而結怨只會造成悲劇。本煥長老研習佛法多年，讀過的這類禪宗公案自是不計其數。他說，釋迦牟尼佛的前身「常不輕」菩薩之所以被人敬稱為「常不輕」，是因為他見人就叩頭行禮，從來不會因為看輕別人而和對方結怨。

現實生活中也是如此，誠如本煥長老所說：「未成佛時，要先結人緣，廣結善緣。」善緣結下了，能在他日遇到難題時，得人相助，問題自然有望解決；而與人結怨則無處不受阻礙，無時不違心意，不僅辦事難以成功，最終還可能導致人生更大的悲劇。

與人結緣會有福報，而要撒下福報的種子，需要在自己的心量、胸懷上下工夫。後來有人問他，怎麼在心上用工夫，大家的心不都是一樣的嗎？本煥長老沒有回答，而是講了無德禪師點化信徒的故事。

信徒問無德禪師：「同樣一顆心，為什麼心量有大小的分別呢？」

禪師並未直接回答，他對信徒說：「請你將眼睛閉起來，默造一座城垣。」

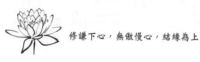

於是，信徒閉目冥思，心中構想了一座城垣。

信徒說：「城垣造完了。」

禪師說：「請你再閉眼默造一根毫毛。」

信徒又照樣在心中造了一根毫毛。

信徒說：「毫毛造完了。」

禪師問：「當你造城垣時，是否只用你一個人的心去造？還是借用別人的心共同去造呢？」

信徒回答道：「只用我一個人的心去造。」

禪師問道：「當你造毫毛時，是否用你全部的心去造？還是只用了一部分的心去造呢？」

信徒回答道：「用全部的心去造。」

接著，禪師就對信徒開示：「你造一座大的城垣，只用一個心；造一根小的毫毛，還是用一個心，可見你的心能大能小啊！」

人心能大能小，關鍵是看自己如何取捨抉擇。心量狹窄，看得不高，望得不遠，事事諸多計較，就只能在狹窄的天地間打轉。胸襟寬大，不為小事掛心，才能開拓出一條條人生大道。本煥長老所說的在心量、胸懷上用工夫，其實就是努力讓自己的心胸打開，爭取將可大可小的調節到博大得足以裝下「寬容」為止。

普通人的心胸多半過於狹小：不過就是少年時愛父母，結婚後愛伴侶，再後來就是愛兒女。

在佛家看來，這種愛實在太少了。有些人心量小得連他人的一句惡言都容不下，因為無法包容，所以，整天都活在憤怒和爭執中。

有位青年脾氣暴躁，總是跟人起口角，甚至打架，聽完一休禪師的說法後，他發誓要痛改前非，便對禪師說：「師父，我以後再也不跟人打架了，就算有人衝我吐口水，我也只會把它擦去，默默忍耐。」

一休禪師笑了：「何必擦掉？就讓唾沫自己乾了吧。」

青年不解，一休禪師繼續說道：「你覺得無法忍受？其實，天底下沒有什麼不能忍受的事。把唾沫當作蚊蟲停在臉上不就行了，總不能與蚊蟲打架吧？雖然被吐了唾沫，但並不算什麼侮辱，就微笑地接受吧。」

「可是，如果不是被人吐唾沫，而是被打了一拳，又怎麼辦？」

「這不是一樣嗎？不要太在意，只不過一拳而已。」

青年聽了這話，認為一休禪師有些不可理喻，於是舉起拳頭朝他打去。

「和尚，現在怎麼樣？」

一休禪師道：「我的頭硬得像石頭，倒是你，手打痛了吧？」

落在我們身上的痛感，不會因為我們還擊給對手而變得不曾痛過，反倒是握住對方的拳頭，和他握手交朋友，能把疼與怒化成雙份的滿心歡喜。人在廣闊天地間其實是很渺小的，可是心胸卻能無限量地擴大。懂得擴大，其實是做人處事，結交善緣的重要原則。

我們都有這樣的經驗：登上高山時，在巍峨的山頂放眼一望，那種境界真是海闊天空，一下子就能感覺到自身的渺小和煩惱的虛妄，身心似乎都被滌蕩乾淨，心量也放寬了。可是一下山，便感覺自己又身陷塵世煩惱之中。所以，一個人需要以寬廣的心態審視原有的人生，否則，人生只會越來越自私，越來越狹小，為人也會越來越計較，身心就會鑽進牛角尖。而一個畫地為牢、將心拘囿於小世界的人，是沒有機會結人緣、積善緣的。

能結人緣、積善緣是一種胸襟，對他人的缺陷、過錯，甚至惡意，都心懷包容，能化干戈為玉帛。有這種胸襟的人，凡事看得高、看得遠，不被眼前利益所蒙蔽，當然容易有成就；沒有這種胸襟的人，處處與人計較，瑣碎小事就能擾亂他的心志，成功的可能性也就相對減少了。了然如此對比，把心胸放開，給自己、給他人一個相互結交的機會，不因對方的誤解、無禮而動心嗔怒，不因對方的挑釁而針鋒對麥芒，善緣的花雨便會落滿心田。

不做出世的高僧，要做入世的菩薩

越南的禪宗大師一行禪師畢生都在宣揚非暴力的和平理念，以推廣正念、佈施四方來幫助世界各地的難民和兒童。

臺灣的慈濟會法師證嚴法師因看到一難產的山地婦人，因交不起手術的保證金而被醫院拒於門外，遂發下宏願，要建造一所專門給窮人看病的醫院。後來她不僅在花蓮建成了第一所慈濟醫院，還把慈濟志業擴展到全球。

著名的佛學大師星雲法師自1970年起，相繼成立育幼院、佛光精舍、慈悲基金會，設立雲水醫院、佛光診所，並與福慧基金會於中國設立佛光中、小學和佛光醫院數十所，育幼養老，扶弱濟貧。

臨濟宗泰斗本煥長老也不僅是出世的高僧，更是入世的菩薩。他一生致力於修建寺廟，振興禪宗，實踐「人間佛教」的理念，使佛法真正與世俗社會聯繫起來，能夠解決人生問題；同時，他時時不忘民眾疾苦，無數善舉都有他的參與。

可見出家人絕非意志消沉、行為悲觀的避世者，更非飽食終日、無所事事的寄生蟲。而是克制自我、捨己為人、志願深廣宏大、行為光明磊落的救世者。學佛更非消極或與社會脫節的落伍行為，而是積極擔當人間苦難的勇敢行為。

有一位法師在本煥長老105歲壽誕上發表祝壽賀詞說：「長老……眼裡處處都有大眾的影子，耳裡時時所聽的都是大眾的聲音，心裡無時或忘大眾的功德，身上時刻都有大眾的恩惠；佛法必須是深入社會、深入民心的。如果不能與眾生結緣，一切菩薩都無法成佛。」

以出世的姿態做入世的事情，這既是佛門中人特有的為人方式，也是一種處世的智慧。人入世太深，必將陷於生活的繁瑣和苦惱之中，在現實生活中的恩怨、情欲、得失、利害、關係、成敗、對錯裡糾纏輾轉，難以超脫出來；反之，若是只一味地出世，一味地冷眼旁觀，一味地自恃清高，一味地不食人間煙火，而不去做一點入世的、利於社會的事情，到頭來也只能是「閒白了少年頭」。因此，用出世的態度或精神，來做入世的事業；立足於塵世，心懷著出世的追求，不失為一種睿智、歡喜的生活方式。

無相禪師行腳時，因口渴而四處尋找水源，這時看到有一個青年在池塘裡打水車，無相禪師就向青年要了一杯水喝。

青年以一種羨慕的口吻說道：「禪師！如果有一天我看破紅塵，我肯定會跟您一樣出家。不過，我出家後不會像您那樣到處行腳、居無定所，我會找一個隱居的地方，好好參禪打坐，不再拋頭露面。」

無相禪師含笑問道：「那你什麼時候會看破紅塵呢？」

青年答道：「我們這一帶就數我最瞭解水車的性質了，全村的人都以此為主要水源，如果有人能接替我照顧水車，讓我無牽無掛，我就可以出家，走自己的路了。」

無相禪師問道：「最瞭解水車的人，我問你，水車全部浸在水裡，或完全離開水面會怎樣呢？」

青年答道：「車是靠下半部置於水中，上半部逆流而轉的原理來工作的，如果把水車全部浸在水裡，水車不但無法轉動，甚至會被急流沖走；同樣的，水車若完全離開水面也不能車上水來。」

無相禪師說道：「車與水流的關係不正說明了個人與世間的關係？如果一個人完全入世，縱身江湖，難保不會被五欲紅塵的潮流沖走；倘若全然出世，自命清高，不與世間來往，則人生必是漂浮無根。同樣，一個修道的人，要出入得宜，既不袖手旁觀，也不投身粉碎。」

不袖手旁觀，方能於人群中體現自身價值；不投身粉碎，方能保住自己，繼續為世間奉獻心力。本煥長老曾說，師父虛雲老和尚活了120歲，而他希望自己的壽命能超過師父，這樣才能為世人做更多事。儘管這個心願最終並未達成，但長老的入世精神透過弘法寺，透過他的弟子，仍被完整地傳承著。

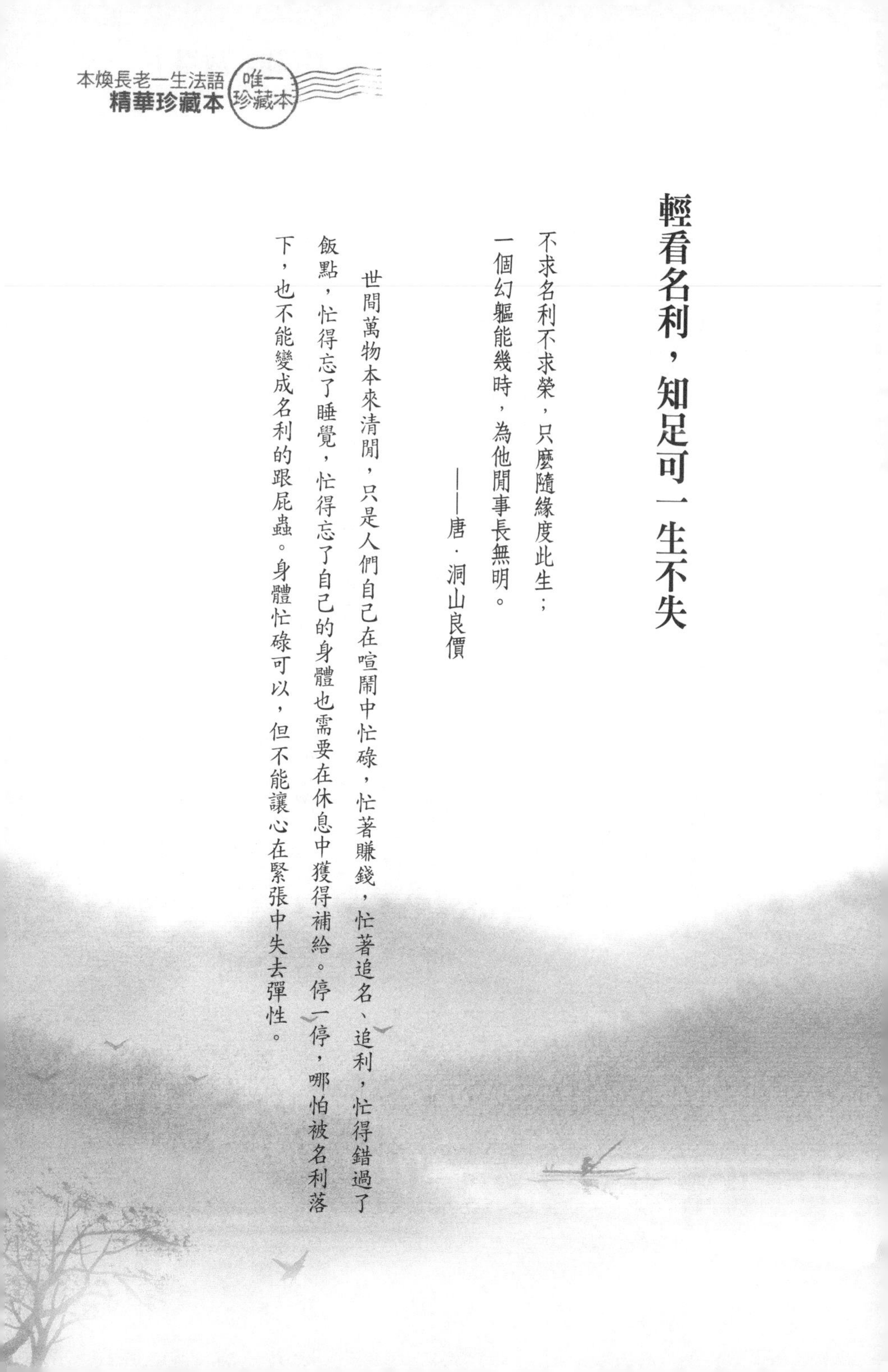

輕看名利，知足可一生不失

不求名利不求榮，只麼隨緣度此生；
一個幻軀能幾時，為他閒事長無明。

——唐．洞山良價

世間萬物本來清閒，只是人們自己在喧鬧中忙碌，忙著賺錢，忙著追名、追利，忙得錯過了飯點，忙得忘了睡覺，忙得忘了自己的身體也需要在休息中獲得補給。停一停，哪怕被名利落下，也不能變成名利的跟屁蟲。身體忙碌可以，但不能讓心在緊張中失去彈性。

利他經營，在生意場結緣

本煥長老百歲之後，仍然每日接待香客，為人指點迷津。一日，一位居士問他：「本煥師父，像我們在深圳終日忙碌，又在生意場上打拚，如何修行呢？」

長老回答：「這也是可以修的。」接著，長老引用近代高僧弘一法師的開示：「今與諸君相見，先問諸君，一，欲延壽否？二，欲癒病否？三，欲免難否？四，欲得子否？五，欲生西否？倘願者，今有一最簡便易行之法奉告，即放生也。」

「放生」之舉雖源於「戒殺生」這一佛家教義，但誠如本煥長老對居士所言：生意場上也可以修行。長老之所以在弘法寺舉辦「放生」法會，並非為了勸告眾人「不殺生」，而是想以「放生」這一舉動引出人心中「善」的種子。這種「善」意，不僅能用來對待生靈，更能運用於生活乃至生意場上：用「善」來對待與我們相遇或未曾相遇的每一個人。

法會上接受放生的是幾隻重達百斤的海龜，長老指著海龜講道：「我們大家都是眾生，牠們也是眾生，為什麼牠們這個眾生要變成烏龜呢？」長老認為，牠們今天能夠在這裡，能夠聽聞佛法，將來都會成佛。一切事情都是會變的，關鍵是看結了什麼樣的緣。接著，長老講了一則公

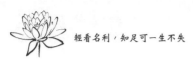

案：

過去有個住在山裡的出家人，他用功修行時常將身上的衣服脫光，於是就有很多蚊子來吸他的血。這些蚊子吃了修行人的血，經過輪迴，就變作雞。出家人來世當了皇帝，每天都會吃很多雞，而這些雞就是前世吸他血的蚊子。

本煥長老意味深長地說：「我講這個故事，是希望你們不要見到一些小蟲子，哎呀，打死了，那個小蟲子，牠很小一點，你這麼大一個塊頭，牠能吃你多少血呢，你就給牠結個緣也好。」

「結緣」二字，道出了「放生」的真義。無論延壽、癒病、免難，自然不可能因為一次放生的行為而實現。弘一法師也好，本煥長老也罷，都是以微言大義來指導眾生，告訴人們用「善」意與人、與生靈結緣的道理。

在生意場上也是如此。抱持「善」的心懷，以結緣為重，不以利益為尊；以利他為本，不以利己為生——如此方能將金錢看得通透，不為物質所縛，不被永無休止的欲望奪去健康和幸福。

獲取財富須認清財富本質，金錢只是獲得福報的手段，而不是目的。既能靠智慧賺錢，又能將錢財看淡，既不為錢的多少所苦，也懂得合理分配財富，能將散財當成聚集金錢的最終目的，這才是正確的對待財富的態度。

著名企業家稻盛和夫曾說過：「利他是企業經營的起點。」企業贏利的行為不僅不能侵害別人的利益，而且應給別人帶來好處。在他眼中，利潤只是暫時託管物，應取之於社會用之於社會，如此經營，方能長久。

做生意雖以賺錢謀利為目的，但對商人而言，賺錢並不是唯一的目的。

一位法師在為道場添置用具時，店老闆對他說：「我常在報上看到你們的消息，你們做那麼多好事，不像我整天只是計算著能賺多少錢。」

法師和善地告訴店老闆：「開門做生意當然要賺錢，只是你可以想，除了賺錢之外，賺歡喜也是賺，賺信用，賺道義，賺結緣，賺友誼，通通都是賺。」法師希望人們在求取數字利益的同時，不要忘了開發內心的財富，這樣無論生意如何，也能天天「發財」。

生意買賣其實是一種人際互動，要建立良好的買賣關係，就需要做到公平交易、貨真價實、童叟無欺、皆大歡喜。在一場買賣中，雙方都能夠滿意，而且能相互感謝，進而成就一段友誼、一段緣分，這便是成功的、皆大歡喜的交易。

擁有錢是福報，會用錢才是智慧

曾有位法師講過一個藏錢的故事。故事中的守財奴，擁有很多金磚，但卻從不用其中的一毫一厘。為了能長久地擁有他們，這個守財奴將這些金磚藏了三十年之久。但是天下沒有不透風的牆，金磚到最後還是沒能逃脫盜賊的覬覦，被洗劫一空了。守財奴哭得昏天暗地、痛不欲生，這時一位僧人安慰道：「既然你的金磚是用來藏得，不如找幾個轉頭來，把它們包上金紙，你還可以繼續藏。」

守財奴本來有享受財富的機會，卻因藏財而白白丟掉了。由此而觀，愛財人倘若不會用財，不如無財可藏。相比於此，擁有了錢還會用錢不僅是好事，還是好功德。本煥長老曾經拍著自己胸脯對信眾說：「每分錢的因果都是我來負，沒濫用。」言語中流露出智慧用錢的自信。

他談到佛教與慈善事業時笑成自己不過「一個百歲老人，睡覺只要一張床，飯有三頓，房有一間，穿衣有幾件袈裟就夠了，十方供養的還是要回報給十方。」佛門中人四大皆空，靠十方信眾供養，但本煥長老沒有供養的財物「藏」起來，而是盡己所能，以文化弘揚佛法，以慈善福利社會，在身、心兩處回報十方，可謂是將擁有的錢用得淋漓盡致。

佛家經書裡說錢財可以分為四個部分：「一分，應供父、母、己身、妻子、眷屬。二分，應作如法販轉。留餘，一分藏積俟用。」本煥長老的用才之道也不過是在這幾個方面上下工夫。

曾有一位年輕的婆羅門請教佛陀一般在家俗人，怎樣才能在這輩子裡得到平安和快樂呢？佛陀對他講述了四種辦法，即方便具足、守護具足、善知識具足、正命具足。

方便具足是指人要掌握各種謀生的技術，如種田、經商、寫作、繪畫、計算等；守護具足是指要能妥善處理自己辛苦經營得來的財富，合理分配，不浪費、不揮霍；善知識具足是指不放逸、不虛妄、不兇險，對於未生之憂苦要心存預設，不因現時的舒適，放任自己懶惰下去；對於未生之喜樂，要心存希望，常常給自己一個好的設想，讓自己有力量堅持下去；正命具足就是指要保持金錢的收支平衡，出入多少要有一定的比例。

佛陀說的這四個方法，是在強調人們要自力更生，節用錢財收支平衡，保證自己的每一分錢都用到點上。在佛家看來，不能合理使用錢財的人是為愚癡。過於貪財和過分施捨，都不是佛家所提倡的用財之道；將全部的錢都存入銀行，財富等於不曾為我們所擁有；將全部財富用在自身的享受上，總會遇到坐吃山空後的落敗。

《六度集經》中講，從前有個年輕人獲得了父親留下來的大筆遺產，卻不知如何管理。生性好吃懶做的他又交了一幫壞朋友，揮霍家財、坐吃山空。

他父親生前有位朋友是當地有名望的富翁，他為人善良，在聽說這個年輕人的困難後便主動

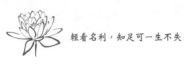

教他如何管理財務、勸導他辛勤勞動累積財富，還送給他金子作為開業的資本。

年輕人表面上聽著但卻一點也沒有入心。表面上他照富人教的辦法做買賣，實際上依舊不改吃喝嫖賭的惡行，很短地時間內，富人資助的那些錢就被他吃用一空了。富人前前後後向他提供了五次資助，但每次的結局都是一樣。但富人仍然沒有死心，一直在想辦法開導勸誡他。

有一天，富人看見一隻剛死的雞臥在了糞堆上，便藉機開導年輕人說：「哪怕這是一隻死雞，只要你肯動腦筋也可以靠牠來立業。我再給你一千兩金子，你要努力。」當時，一個要飯的孩子在牆角處聽到富人的話得到啟發，將那隻死雞，按照他自己的烹飪思路，用死雞做成了一道美味可口的菜，還因此賺了點錢，然後又以這些錢為資本，做起了賣菜的生意，很快就改變了自己平窮的命運，乞丐成了有錢人。

後來，乞丐感恩於富人的開導，攜重禮前去拜會。富人見他聰明勤勞，便將自己的女兒嫁給了他，還將自己的財產全部過繼給了他。而那個年輕人在此用光了所有的錢，死在了空空的大房子裡。

曾經的乞丐後來的富人，曾經的富家公子後來的空腹亡魂，他們的命運之所以有如此巨大的反差，關鍵的不同在用錢之道上：乞丐用錢創業，自力更生；年輕人用錢揮霍，坐享其成。

如果我們擁有財富而無理財之道，那麼，十分的財富或許只能發揮一分的作用，甚至使我們為其所害。有人認為錢花了就沒了，所以吝嗇成性；而有些人則認為花錢的多少標榜了一個人的身分與地位，花得越多、越往不該花錢的地方花錢，越顯示了存款的豐厚，因此奢侈成風。

事實上，只有合理追求財富，合理運用財富，適度追求欲望，適度享用財富，才能騰出更多精力和財富用於播種善意，才能在內心將財富當作「行善的工具」去追求，使財富發揮出更大的作用。最終，使自己的人生因合理運用財富而充滿福緣善報。

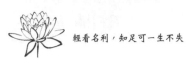

金錢只是暫時擁有

人們似乎認為佛教裡不該談如何發財，因為這難免有點俗氣。其實不然，佛家也談錢，談財富，只不過常人眼中越多越好的東西，在佛家看來是個終有盡頭、不會永遠為人所擁有的身外物。本煥長老常說：「對誠心向佛的人來講，金錢只是世俗的身外物，而佛緣是無窮無盡的。」以一顆佛家的心，經營錢財，即是培養一種「暫時擁有」的金錢觀。

這種金錢觀包含三個層面：不為沒有錢、少錢呼天搶地、心存負累；不為賺取更多的錢財而疲於奔命，忽視欣賞一抹夕陽的閒暇，獲得一息安寧的修習；不為留住錢財而吝嗇施與，變成一毛不拔的鐵公雞。

當代國學大師南懷瑾曾說：「窮歸窮，絕不愁。」這份安貧的情懷即是一種不為沒錢、少錢犯愁的淡然。人活著，沒錢有沒錢的活法，有錢有有錢的活法，如果自己心念上不覺得自己錢少，還懂得節約是致富的道理，錢就永遠夠用。

其實，錢少不是總會造成生活的困頓，反倒是為錢少擔憂，才會讓人覺得貧窮。當「暫時擁有」的金錢觀得以指導生活的時候，不論處境如何，都會身心富足。這就佛家所說的「**貧賤是苦**

境，能善處者自樂。富貴是樂境，不善處者更苦」。

普陀山下曾有位樵夫，世代以打柴為生，整日早出晚歸，風餐露宿，雖然偶有揭不開鍋的時候，但生活也不失簡約、自在。

後來，樵夫打柴時在一棵大樹底下挖出了一個金羅漢，轉眼間他就成了個百萬富翁。於是他和老婆開始買房置地，改善生活。按理說樵夫應該非常滿足了，可是他只高興了一陣子，然後就犯起愁來，吃睡不香，坐臥不安。

老婆看在眼裡，不禁上前勸道：「現在吃穿不缺，又有良田美宅，你為什麼還發愁呢？就是賊偷，一時半會兒也偷不完啊。你這個喪氣鬼！天生受窮的命。」

樵夫聽到這裡，不耐煩了：「你個婦道人家懂得什麼？十八羅漢我才得到了其中一個，其他十七個我還不知道它們埋在哪裡，我怎麼能安心呢？」說完便癱軟在床上。

這個樵夫整日愁眉不展，以致疾病纏身，早早地離開了人世。其實用好一個金羅漢兌來的錢財，便足以安度餘生，可是他受貪欲的誘惑，心心念念另外十七個金羅漢，忘卻了曾經擁有過的簡約、自在。遇到這種情況，「暫時擁有」的金錢觀的第二層含義便顯現了出來。

金錢來去的速度遠比短跑冠軍的速度迅速，人們會因為一個合同的簽署而日進斗金，會因為幾小時的洽談達成百萬的合同，同樣的，人們會因為一次口誤談判失敗，錯失一次吞併，一筆生意，但是如果擁有一份正確看待的心，夕陽美景依舊可以安住一心淡然，得之不過喜，不再起更大的貪念，失之不過悲，不對生活的其他事情失去興趣。

為錢苦、為錢忙，皆是因為對金錢過於執著，而比這種執著更固執的是吝嗇。

佛陀在世時，有一位對錢財很吝惜的富翁，因為整日疑神疑鬼，懷疑妻子偷藏私房錢，懷疑周圍的人要騙他的錢，妻兒和親戚朋友都受不了，逐漸離他而去。因此富翁常常一個人住在偌大的莊園裡，孤獨寂寞，一點都不快樂。沒過多久，他就病倒了。

佛陀聽說後去探望他。富翁在和佛陀交談的過程中，心生感動，他忽然想起來，已經很久沒人對他這麼溫柔親切了。這麼一想，他不免有些難過。他誠懇地對佛陀說：「佛陀，我一病不起，恐怕不久於人世了。」

佛陀嘆道：「你的身體並沒有得病，得病的是你的心。」

「那我的心究竟得了什麼病？」

佛陀說：「要醫治好心病，只能努力將你心底的愛激發出來。」

富翁聽到這句話，若有所悟。他想：我一生愛財，然而，當我生病，命在旦夕之時，我最愛的財富能為我做些什麼呢？

想通之後，他立刻派人接回妻兒，並對兒子說：「我終於想通了，吝嗇的富翁是天底下最大的傻瓜。現在我給你三千貫錢，如果你能好好利用這些錢，我就把所有的產業都交給你。」

兒子拿到錢，一時不知該怎麼用。他想：我從未有過自由支配金錢的權利，因此深深知曉缺少金錢的苦楚，不如將這些錢送給貧苦無依的人。於是，富翁的兒子將這筆錢全部佈施給了窮人，替他們治病，給他們建造住所，為他們添置衣物。

全部用完之後，兒子回家向父親講述了這一切，富翁聽了很高興，他說：「從前我只知聚斂，卻不知道將錢用出去，有利於他人是這麼歡喜的一件事，對人的『慈愛』之心如此美好，我覺得我的病已經全好了。」

人雙手合攏地降世，彷彿世界在他手上；人雙手張開地離世，彷彿在說：「我經歷紅塵卻不帶走一顆塵埃。」這一收一放中所蘊含的即是不吝嗇、懂給予的禪理。既然金錢不過是暫時為人擁有，即使貪婪一生，到死時也不會帶走任何珠寶，那不如一路走一路捨，在和別人的共用中感受滿足。

歸根結底，「暫時擁有」的金錢觀不過是一顆懂得知足的心。隨時知足隨時幸福，人在何時懂得錢不過是一種必需品，而非奢侈品，人就會在哪一刻從貪欲手中獲得解脫。

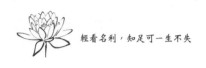

用有漏的錢囊，培養無漏的財富

本煥長老常說：「世間的事情都需要錢，錢雖是個假的東西，離了錢卻又什麼也做不成。如果我們能捐一點兒錢出來，用有漏的福德去培無漏的福德，豈不是很好嗎？」他的意思是說，富有的人要盡量佈施富緣，以錢結緣，修福緣。

錢之所以是有漏的福德，是因為錢不是萬能的，是個不好不壞的東西。它可以滿足貪念，也可以用來救急、救難，從這個角度來說，錢的性質、功能是不能定性的，所以是有漏的。而捐錢、佈施無論在什麼情況下，對己、對人都是善意的，所以是無漏的福德。如果兩個桶，一個桶底有小洞，另一個桶底完好，那麼把有洞的桶嵌在無洞的桶裡，既不必將有洞的桶丟掉，還可以一樣打水。因此依本煥長老的說法，用有漏的福德去培無漏的福德，散財的同時也在為心求財富。反之，以一心全部撲在求有漏的福德上，即使再有錢，也不會結好緣。

曾經有一位非常富有的長者，他的歷代祖先都十分樂善好施，但是，傳到他這一代時，行善的工作完全停頓下來，因為他認為家財應該不斷地累積下來才對，不可以不斷地消耗掉。後來這位長者打定主意，要將祖先留下來的一間大齋堂燒掉，這個齋堂原本是供貧困者用餐的地方。

有一天，這位長者出門了，一位天人乘機化成了他的模樣，從大門直入，向守門及每位傭人露出慈祥的笑容，並對管家說：「我今天想打開大門，開糧倉、酒庫、財庫，做一個大佈施。」

管家和家丁們聽了都非常驚訝、面面相覷。假冒的長者盯著太太的眼睛說：「我今天要做大佈施。」太太聽他這麼說，非常高興，急忙取出鑰匙，讓管家、傭人打開糧倉、酒庫、財庫，又聽丈夫的話，叫人敲著鼓，到城內宣佈某某長者今日要大佈施。

自從這位長者承繼家業以來，城中人再沒接受過這個家族的捐助。這次好不容易要開大門、行大佈施，因此，全城的貧困人家都來了。貧困的人拿到東西後，歡天喜地地走在返程的路上，你一言我一語地發議論，懷著感激的心稱讚長者是個活菩薩。

出門在外的長者聽到那麼多人在讚嘆他，急忙跑回家，一看，糧倉門竟然大開著，空米袋都聚集在門口，酒桶也散落滿地，尚未收拾。他氣得破口大罵，質問道：「是誰出的主意？為什麼要做大佈施？」進到房內，他猛然看到一位和他長得一模一樣的人坐在主位，便大聲說：「你為什麼進入我家？為什麼將我的財物佈施出去？」

坐在屋裡的長者故意對他說：「你是誰？這個家本來就是我的！」說完便叫太太、管家和僕人出來，讓他們指正，可他們沒有那法眼。真正的長老覺得萬念俱灰時突然：能做主的只有國王，所以急忙跑到王宮向國王投訴。

國王認為這是一件不可思議的事，便派人去請另一位長者來，天人化成的長者來到國王的面前，當著長者的面坦白說：「真正的長者是他，不是我。不過，他的祖先非常有善心，一直以來都在國內幫助國王照顧貧困的人，但是，他們的子孫不懂得祖先傳下來的德意，守住財物，不肯用錢做善事，違背祖先的本意，我覺得這是不正確的，所以我代替他的祖先來教訓他。」

真正的長者聽了十分慚愧，領會到金錢其實沒有所有權，世間根本沒有永久屬於自己的東西。他如夢初醒，知道應該利用自己現有的一切，好好地佈施，與人結一份善緣。於是，他向國王發誓：「今後我要好好做一位真正護國、助民的好長者。」

守著有漏的富緣，而不知散財做慈善，往往會造成身心靈的不完美：一個有錢的富人，可以用金錢買到高級化妝品，卻買不到氣質；可以用金錢買到山珍海味，可是買不到食欲；可以用金錢買到華美服飾，可是買不到美麗；可以用錢買到書本，可是買不到智慧；可以用錢買到酒肉朋友，可是買不到患難之交；可以用錢買到別墅豪宅，但是買不到幸福家庭。反而是那些能真正攤開手掌的人，能將富餘的錢散出去，而不至於被財富壓身。

在現代社會，許多有錢人都樂善好施，對金錢可以慷慨拋擲。他們認為，錢財並不總是給他們快樂，而散財、做慈善事業，反而讓他們找回了幸福感。這是一種正確的金錢觀和佈施方式。

發財致富的目的在於散財。金錢，要能接受，也要能喜捨。對於普通的人來講，雖然沒有大筆的財富，但也不必為了金錢而錙銖必較。錢財是為了讓自己的日子越過越好，而不是讓自己越來越提心吊膽，或者終日汲汲而求。在這個世界上，只有被自己用出去的錢財才是自己的，那些被我們牢牢攥在掌心的財富，不可能永遠為我們所擁有。

對待金錢必須拿得起放得下，賺錢是為了活著，但活著絕不是為了賺錢。假如人活著只把累積終究要被死亡漏掉的金錢作為追求目標，那人將是一種可憐的動物，人將會被自己所製造出來的這種工具捆綁起來，被生活遺棄。吝嗇、貪婪的人之所以不能享受富有帶來的富足、滿足，原因就在這裡。財富需要散出去，需要在分享中升值。

輕看名利，一生不失

本煥長老的大弟子印順回憶起自己的師父時說：「我們到底要什麼？其實人生存的需要是很低的，比如老和尚每天的洗臉水，他說只要足夠把毛巾潤濕就可以了。」事實也的確如此，我們周圍的很多東西是我們不需要的，比如碳酸飲料和水相比，碳酸飲料是多餘的；再如魚翅和家常飯菜相比，魚翅是不被需要的；再比如名利和知足心、簡單生活相比，名利是負累，本也是不必需要的。可是人們依舊像花更多的錢、更多的人力、精力造飲料、烹魚翅一般，追求終為虛無的名和利。

古人云：「名也者，相軋也；知也者，爭之器也。」人為了求名，相互傾軋，而人的智識就成了鬥爭的工具。千百年來，讀書人為了金榜題名而發憤苦讀，除了實現自己的政治理想之外，便是為了在官場賺取名利，光耀門楣，揚名立萬。人不能為了求名，為了好勝而求知識，因為名心和利心都是殺人不見血的武器，會破壞自己的生命。

人最高的道德，應該把名利心抹去，抹去之後不是不再進取，而是秉持淡泊的前提下，平平常常、直直行去。這個境界是很難達到的，很多時候，人們都喜歡爭強好勝，滿足於一種看不見摸不著的虛榮，故步自封。

佛陀時代，有一位20歲的青年，天資聰穎。只要是他看過的事情就能學會。他憑此種過人的天賦，發誓要學遍天下所有的技藝，於是他四處尋師訪道，學遍了世間種種技藝，且無不精通，便萌生了與人比試的念頭，他想，自己的才藝無人能及，戰勝他人後定能流芳百世。

就這樣，青年的足跡遍及許多國家，到處展現自己獨步天下的技藝，未逢敵手。這天，一位比丘手持錫杖來到青年面前。由於青年生長的地方沒有佛法，他便好奇地詢問：「你是什麼人？手上的是什麼，為何裝扮與常人不同？」

比丘答：「我乃調御自身之人。」

青年問：「什麼是調御自身呢？」

此時比丘說了一首偈子：「弓匠調角、水人調船，巧匠調木、智者調身。譬如厚石風不能移，智者意重毀譽不傾，譬如深淵澄靜清明，慧人聞道心淨歡然。」說完，比丘飛至空中，原來他乃是佛陀化身。接著，佛陀回到地面對青年說：「因為歷劫修行，調御自身，我才能有如此神通。」青年對佛陀佩服得五體投地，於是向佛陀請教陀調御自身的要領。

於是佛陀便對他開示靜心的禪法、淡泊的情懷、解脫的活法，並說明製弓、駕船、建屋等技術，都只是虛華不實、有生有滅的東西，若讓自己沉溺其中，欲求在這些方面與人一爭高下，不

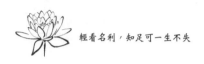

過是在求一個空而無物的東西。

青年凝神傾聽，豁然領悟，遂發心出家修行。

資質過人的青年為了滿足自己的虛榮心、名心（「想流芳百世」即是一種名心），爭強鬥勝，反而讓自己的驕慢心身陷名利牢籠。

名利心產生容易，擺脫難，抹平名利心不過是放下對擁有的執著。佛說放下才能快樂和自在，可這又談何容易。世上的人有了功名，就對功名放不下，名韁利鎖纏繞著人的身心，使人陷入世俗紅塵的泥淖中不能自拔。

日本有位桃水禪師，因他修為精深，因而有很多人不遠千里來跟他學禪，但他們大都因桃水禪師的嚴格考驗而沒有堅持下去，這讓桃水禪師十分失望。有一天，人們發現，桃水禪師從寺院裡失蹤了。

三年後的某一天，禪師的一個學生發現他正跟一群乞丐住在一起。當下，這個學生便向他請示福禪法。禪師說：「好吧，如果你能跟我住幾天的話，我就教你。」學生十分高興，便脫下了身上的華服，和桃水禪師一樣與乞丐們住在一起。

午夜時，人們發現一個乞丐死了，於是桃水便與學生一起將乞丐的屍體抬到外面埋了，接著回到住所繼續睡覺。桃水睡得十分香甜，可是那位學生因感傷而久久無法入眠。

第二天，桃水禪師興高采烈地將死去乞丐的食物與學生分食。桃水禪師邊吃邊高興地說：「太好了，今天可以不用出去乞食了。」

桃水禪師大口地吃著死去乞丐留下來的食物，可是他的學生一口也無法下嚥。桃水禪師吃完後對學生說：「你可以回去了。」學生默然無語，黯然離開。

桃水禪師的學生雖然脫下了身上的華服，心裡卻對「華服」念念不忘，而對外物心存留戀的人沒有資格談佛法。其實世人又何嘗沒有一件讓自己掛念的「華服」，名利不過是其中一件，為了時時把它穿在身上我們日日夜夜、東西南北團團轉。這時人們就要問了，如何才能看輕名利，一生不失？其實欲求人生不失，先要讓自己不失捨心，因為捨心能對付誘惑人們追求名利的貪欲。還要讓自己不失歡喜心，遇到名利爭奪的時候，比如晉升、加薪，且讓給想為高位付出高勞累的人，讓他高興，讓自己淡然。

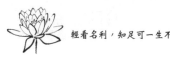

對錯不在功名

乾隆皇帝下江南時，來到江蘇鎮江的金山寺，看到山腳下大江東去，百舸爭流，不禁興致大發，隨口問金山寺的高僧：「你在這裡住了幾十年，可知道每天來來往往多少船？」高僧回答：「我只看到兩艘船。一艘爭名，一艘奪利。」

人性叢林中伏設了不少名利的陷阱，有時候，一個人為了名利，往往不顧一切跳入陷阱，結果名利反而離他而去。名利，就像是一座美麗豪華舒適的房子，人人都想走進去，只是他們從未意識到，這座房子只有進去的路，卻沒有出來的門。好名之人必將被名枷捆綁，好利之人也會被利鎖縛住。

但枷鎖掛在牆上，不會主動去鎖人的脖頸、縛人的手腳，房子建好了矗立在那裡，沒有一隻大手從裡面伸出來，硬要把人往裡拖。它們本是無害的，而人們之所以被枷鎖束縛，被房子困住，主要是因為當事人把名利看得過重，把財富想得太重要，總是想讓自己站在權力頂峰，將所有財富收到囊中，將所有名譽光環攬至頭頂，結果必將被自己貪求的東西困住。

有一位禪師說過：「青藤攀附樹枝，爬上了寒松頂；白雲疏淡潔白，出沒於天空之中。世間萬物本來清閒，只是人們自己在喧鬧忙碌。」

世間的人在忙些什麼呢？其實不外乎是名和利。萬物清閒，人又何必為了爭名奪利而使自己不得清閒呢？誠如本煥長老告誡印順時說的那番話：「現代社會把人的各種欲望都裹挾在裡面，拚命刺激你，但是社會的供給能力與你的欲望之間永遠存在很大差別，無休無止。你只有搞清楚它是個泡影，才能坐看雲起雲落。」擺脫名利等外物的束縛，才能體會心無所礙的境界。

有一座大寺廟的住持，因年事已高，打算考驗一下自己的得意弟子，然後選出一個接班人來。這天他把兩個得意弟子慧明和塵元叫到面前，然後對他們說：「你們倆誰能憑自己的力量，從寺院後面懸崖的下面攀爬上來，誰就是我的接班人。」

身體健壯的慧明信心百倍地開始攀爬，但不一會兒他就從上面滑了下來。慧明稍事休息後又開始攀爬，儘管摔得鼻青臉腫，他也絕不放棄……

讓人感到遺憾的是，慧明屢爬屢摔，最後一次他拚盡全身之力，爬到一半時，因氣力已盡，又無處歇息，重重地摔到一塊大石頭上，當場昏了過去。高僧不得不讓幾個僧人將他抬回去。

塵元一開始也和慧明一樣，竭盡全力地向崖頂攀爬，結果也屢爬屢摔。當他不經意地向下看了一眼以後，鬆開了用來攀上崖頂的繩索，整了整衣衫，拍了拍身上的泥土，扭頭向著山下走去。旁觀的眾僧都十分不解，難道塵元就這麼輕易放棄了？大家對此議論紛紛，只有高僧默然無語地看著塵元的去向。

塵元到了山下，沿著一條小溪流順水而上，穿過樹林，越過山谷……最後到達了崖頂。

當塵元重新站到高僧面前時，眾僧還以為高僧會痛罵他貪生怕死、膽小怯弱，甚至會將他逐出寺門，誰知高僧卻微笑著宣佈將塵元定為新一任住持。眾僧皆面面相覷，不明所以。

塵元向其他人解釋：「寺後懸崖乃是人力不能攀登上去的，但是只要於山腰處低頭看，便可見一條上山之路。」

高僧滿意地點了點頭，說：「若為名利所誘，心中則只有面前的懸崖絕壁。天不設牢，而人自在心中建牢。在名利牢籠之內，徒勞苦爭，輕者苦惱傷心，重者傷身損肢，極重者粉身碎骨。」然後，高僧將衣缽錫杖傳交給了塵元。

高僧讓自己的弟子攀爬懸崖，意在勘驗他們的頭腦能不能在名利的誘惑前保持清醒。頭腦清明，心中無礙，順天而行者，便是他中意之人。一個人面對名利的誘惑，仍能保持一顆清醒的心，不能攀爬便放棄，這是一種智慧。能做到這一點，就能對客觀的、外在的出身、家世、錢財、生死、容貌都看得很淡泊，就能夠達到精神的超脫、灑脫的境界。

名利是一把刀，本身沒有殺生的能力，關鍵要看用刀的人是把它當作殺人的利器，還是削水果、切菜的工具。因此想要淡泊名利，擺脫名利的束縛，首先要在認識上看透名利的本質和功用。

功名說白了不過是一種名分，就像帽子一樣，可以作為裝飾，也可以保暖禦寒，天生麗質的人不會因為不戴帽子而有損氣質，卻可能因為冬天不戴帽子而凍壞耳朵，所以看待功名不妨實在一點。為餬口而求功名，為發揮自己的價值而求功名，權且把可得功名的職位當作一個可以實現自我價值的舞臺，那麼對待名利便會少些貪念、非分之想，而多些做好手邊事的責任和踏實。

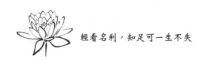

規律，拋卻欲望的良藥

每天早晨四點左右起床，中午十二點休息，午睡大概兩個小時起床，參禪念經，除去晚飯的時間，本煥長老會在晚上九點鐘中釋卷休息，然後再睡到第二天早晨四點左右起床……這就他一天的生活，堅持了幾十年而不曾有大的改變。這看似簡單、規律的生活，卻不是人人有條件、有能力做到。

堅持規律生活，至少需要三個條件。首先沒有什麼事情值得人們疲於奔命，加班趕工，茶不思飯不想；其次，要有寬廣的胸襟，寬大得可以不日有所思夜有所夢，可以不把煩心事帶進夢鄉；再次，需要人們有足夠的克制力，可以不吃零食而是食正餐，可以在該睡覺的時候，不為看一個肥皂劇、玩一場遊戲而熬到凌晨。

但是於平常人而言，總有一個條件是我們不能符合的，有時真的是出於客觀環境的限制不得不熬夜、黑白顛倒，有時則是惰性作祟，想讓自己好好地放縱一下，也有的時候，是因為心中的欲望心、名利心，像咖啡一樣，刺激著人們本該安然的神經。因此擯除客觀不可改變的因素、主觀無害的因素，要想過規律的生活，先得按住不安分的名利心、欲望心，嘗試過簡單的生活。

有人這樣說過，「簡單不一定最美，但最美的一定簡單」。最簡單的生活沒有紛繁事物的打擾，能讓人吃飯時好好地品味盤中餐，能讓人做事時專注於做手邊的事，能讓人睡覺時安安穩穩地睡到天亮。所以最規律的生活應當是簡單的生活。

在五光十色的現代世界中，物質的極大膨脹和社會的複雜，令人應接不暇，生活中各種各樣的問題層出不窮，處理起來也是手忙腳亂。實際上，看起來複雜的問題也許很簡單，只要學會驅除多餘的執念和欲望，就能發現事情最簡單的本質。

宋代汾陽的善昭禪師，得佛法奧義，修行真摯涅槃，他曾自我揶揄：「我不過是一個混日子的粥飯僧。傳佛心宗，並非我的職責。」當時許多僧眾、官員前後八請，求他出來講法開示，他都堅臥草庵，不肯出山。

那時得道僧者皆喜遊歷，四處看繁華事態，尋覓優雅風景，但善昭禪師很少出行，時人批評他缺少禪者的瀟灑與韻味，善昭卻嚴肅地說：「自古以來，祖師大德行腳雲遊，是因為聖心未通，道業未成，所以驅馳叢林，以求抉擇，而不是為了遊覽山水，觀風望景。」

在善昭看來，風景再繁華，不過是風景，大德的禪師之所以遊歷，是因為感悟天地之道，而不是因為美景，才四處遊玩。他隱匿草庵是為了不浪費時間為滿心名利的官員做無用的開示；休足於自己的茅舍，是因為他懂得安在此處，不為留戀風景而浪費腳力，是簡單易行的參禪。

生活看似是繁瑣的，其實很簡單，只是人們總是在做出決定前，思前想後，在利益處左右權

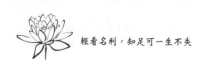

衡，才會讓事情變得複雜。懂得化繁為簡的藝術，看清複雜問題的本質，看透一切繁瑣和煩惱的根源，就能輕鬆簡單地處理。

學出家人不睦繁華之心，放下心中對名利得失的考量，對風景的留戀，對煩心事的執著，給自己一個靜謐的黑夜，閉上眼睛，還原一種可以日出而作、日落而息的生活方式。

心外的世界不過是人心折射出的世界，每個人眼底都看見不同的風景，這些風景無不是虛幻，過眼即逝。那暫且把世界還給世界，把外物留在眼皮之外，任它瞬息萬變，我們只求一息安然。跳脫規律生活背後的養生理論，學習本煥長老的規律生活，就是試著修習一顆不睦繁華的心。

所謂繁華，大半是停留在生活的表面，觥籌交錯、衣著光鮮、熙熙攘攘的背後往往透出的是一絲絲的蒼涼，愚人卻總是被表面現象所迷惑，一如孩子貪戀糖衣藥片上那薄薄的一層糖衣。繁華過後盡蒼涼，人間有味是清歡。別去想著「未來一定發財」、「將來一定富貴」，誰知道將來又能如何？吃嘴邊的食物，做手邊的事情，然後安安穩穩地躺在自家的床上，就可以活出真我，就可以感受規律生活帶來的身心放鬆。真正值得人去追求的，是靈魂的充實與心靈的自由。「不戀繁華性自真」，什麼時候我們能放下世間繁華，什麼時候就能讓我們的心念、思維規律起來，心念規律了，不再向歧路上跑了，我們的生活自然也就自成規律了。

分享與回饋是最美的生活方式

每個人都追求富貴的人生，可是什麼才是「富貴」？很多人認為富貴就是有錢，其實，有錢之人並非都是富貴之人。

富貴不單是錢財的問題，還有精神或思想上的問題。「富貴」包括「富」與「貴」。「富」是擁有金錢、知識、經驗或健康的身體，「貴」則代表人格品質的高尚，意味著心靈的富足。

有些人先追求富，再追求貴，也有些人不追求富，只追求貴，然而更多的人卻是只求富不求貴。

第一種人是有仁德的富人，他們懂得對已擁有的財富心懷感恩，因此能對周圍的社會和群滿懷善意，用手中的財富為人造福。

第二種是不富有卻高貴的人，他們也許生活貧寒，也許只是很普通的老百姓，卻願意將自己的時間甚至整個人生奉獻出來，用綿薄之力去幫助社會上需要幫助的人，在付出中實踐自己平凡卻偉大的理想。

第三種則是自私自利的人，他們只顧享樂，只顧自己享用物質帶來的歡愉，卻任由心靈苦惱

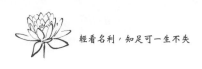

蒼白，他們不明白財富的來源是整個社會，因而也就不懂得擁有財富之後要回饋社會。

佛教認為，一個人是否擁有金錢物質，是由福報的多少決定的。反過來講，聚斂金錢的過程，就是消耗福報的過程。一生的福報有限，消耗完了，就沒了。所以，在富有之後，要懂得知足感恩，要與人分享自己的財富和快樂，才能惜福造福，並不斷累積新的福報。

佛經中記載了一則故事：

頂生王在旁人看來，非常有福氣。不僅妻妾子孫、賢臣名士不缺，錢財更是頗為豐厚，真可謂是要什麼有什麼。但是，這樣一個在人們眼中富有的人，卻仍然不知足。他常常對子臣說：「我要去天下走走，這樣才能把我的國土延伸至各個角落。」

於是，頂生王開始到處走，如他所願，國土最後延伸至四洲，他也統治了天下。

欲念是個無底洞。過一段時間後，頂生王又開始躁動不安了。他想，人世間我是走遍了，接下來要想法子到天上去。

真是想什麼就有什麼，頂生王如願來到天界，見了天帝，並且還得到一半的權力，和天帝平起平坐。但一回到人間，頂生王就想：一半始終是一半，總有一天要一個人坐天帝的位子。

頂生王開始慢慢變老，病痛不斷，但是天帝的位子一直沒有得到。垂死之時，他的臣子們問他：「國王，還有什麼未了之事嗎？或者說有什麼一生的心得要告訴子民的？」

頂生王想了想，嘆了口氣，說：「你告訴大家。我是一個貪婪的人，時時刻刻都不滿足。直到臨死前，我還在想著要完全得到天帝的位子。我已經擁有了一切，可是我的心很累，很苦。」

生命中「萬般帶不去」，然而人們都習慣性地奔赴自己想要的目標，在生活中重複著頂生王的苦累，不斷索求，最終卻發現自己其實什麼也沒得到。

縱有廣廈千萬間，夜眠不過三尺地。擁有再多財富，也不過是身外之物。重要的不是彰顯錢財的多少，以滿足自己的虛榮心，而是考慮財富能給自己帶來什麼，能給他人帶來什麼。

2003年非典時期，本煥長老組織祈福法會，並在法會上發動弟子、信眾全力捐款救災，他說：「出家人無資無產，但信眾供養佛祖的錢，我們用於利民，更是應當。所以我發心，你們也要發心，除了誦經祈福外，還要傾囊捐受，佛家講究慈悲，自利利他，在行善助人的同時，你會得到福報，我希望善眾與我一起來積此功德。」

本煥長老力行「回報大眾」的想法，前半生，忘身求法，後半生，弘化天下，建寺安僧。臨走前，他念念不忘的仍是此事。重病期間，他召集開了一次會，當著大家的面說：「我要走了，對所有的事情做一個交接，現在我手上還剩下6千多萬元，1千萬給大洪山，1千萬給新洲報恩寺，3百萬給大乘寺掃尾工程，其餘剩下的錢用來修深圳的萬福寺。」

錢財乃身外之物，本煥長老深深懂得這一點，故而能在臨終前將所有的錢財散盡，造福於民。既然所得源於社會和民眾，那麼也當用於社會與民眾。回饋無疑是最美的生活方式，一個不忘與人分享、回饋他人的人，最終所得的必是心靈的寬慰和富足。

老實做事，無言自有妙言生

人從巧計誇伶俐，天自從容定主張；
諂曲貪嗔墮地獄，公平正直即正常。

——明·憨山德清

人不能一口吃成胖子，不能一步邁到千里之外，凡事總要有個循序漸進的過程，且沉下心來，老老實實做事。不懈怠，堅持不斷學習；不取巧，一步一個腳印地踏實行走；不倚賴，依靠自身能力的提高，慢慢地向目標靠近。如此實實在在地對自己、對他人負責，自會歷練一段不花俏的人生。

學習做人是一輩子的任務

「朝看花開滿樹紅，暮看花落樹還空；若將花比人間事，花與人間事一同。」這是唐人留下的喟嘆。早上花開，一樹燦爛，可是時光流水過後，晚上便花謝凋殘，美景不再，再絢爛的花海也只在朝夕。人生百年，幾多春秋。向前看，彷彿時間悠悠無邊；猛回首，方知生命揮手瞬間。

兩千多年前，先聖孔子在河邊說道：「逝者如斯夫，不捨晝夜。」逝水是不會重歸的，時間也不會重返，面對無可挽回、不可重來的生命，世人會畏懼，同時也會更加鄭重地對待每一分每一秒的現實光陰。

一日，學僧看見年邁的典座在曬海苔。這些海苔由信眾送來，為的是與寺裡的僧人們結緣。濕漉漉的海苔必須及時在陽光下曬乾，否則一定會發黴。當時的日頭很毒，讓人不忍出屋，但是典座似乎對此一無所知，獨自一人頂著烈日，彎著腰曬海苔。

學僧見此情此景，便走到典座跟前勸道：「這工作太辛苦，您年紀大了，還是叫年輕僧人來幫忙吧。」

典座沒有停下手上的活，只是淡淡地說：「別人不是我。」

「那何不等陽光小些呢？」

典座緩緩道：「時日已不多。」

「時日已不多」，簡簡單單的五個字，裡面蘊含著對生命的敬畏，同時也流露出認真生活的鄭重。時間像一本書，看得快，翻得也快，唯有讓每一頁不蒼白、不浮誇，人世一遭才會走得踏踏實實，不留遺憾。

那一年本煥長老95歲，依然堅持每天三點五十分起床，閱覽八到十卷的《普賢行願品》，直至晚上十點才休息。記者問他為什麼這麼大歲數了還要這般堅持，他說，因為「這是成佛的根本」。參禪修佛不是只想不做，它要求讓人們能在學習的路上，豐盈頭腦、精進己身。誠如本煥長老教育僧眾時所說：「我們學習是無止境的，活到老，學到老，這是沒辦法的。佛祖鼓勵我們廣學多聞，增長智慧，成就辯才，將來才有能力教化大眾。好學很有好處，我們成聖成賢，成佛作祖，都是要好學不倦。」

這話雖然說得質樸，但時間又何曾繁華，金錢買不到它，地位留不住它，質樸的東西從來不靠這些終究要失去的東西來衡量，能讓質樸變得豐富、讓生命變得厚重的唯一途徑就是本煥長老所說的「好學不倦」。

學習做人是一輩子的事情，除非埋入黃土，否則是沒有辦法畢業的。

良寬禪師終生修行修禪，從來沒有懈怠過一天，他的品行遠近聞名，人人敬佩。但他年老的時候，家鄉傳來一則消息，說禪師的外甥不務正業，吃喝嫖賭，快要傾家蕩產了，而且經常危害鄉裡，家鄉父老都希望這位禪師舅舅能大發慈悲，救救外甥，勸其回頭，重新做人。

良寬禪師聽到消息後大感驚訝，他雖然多年沒有見過這個外甥，但他知道這個外甥自幼苦讀，學識頗深，不知緣何沒有在書本中學到些許做人的道理。

禪師不辭辛勞，風雨兼程，走了半個月的時間，回到家鄉。這位外甥久聞舅舅大名，心想以後可以在狐朋狗友面前吹噓一番了，因此也非常高興，並且特意留舅舅過夜。外甥本以為禪師會對自己苦口婆心一番，不承想，當夜良寬禪師在俗家床上坐禪坐了一夜，並沒有勸說什麼。

外甥不知道舅舅葫蘆裡賣的是什麼藥，惴惴不安地熬到天亮，來到禪師床邊。禪師睜開眼睛，要穿上草鞋，他彎下腰，又直起腰，回頭對外甥說：「我想我真的老了，兩手發直，穿鞋都很困難，可否請你幫我把草鞋帶子繫上？」

外甥非常高興地照辦了，良寬慈祥地說：「謝謝你了！年輕真好啊，你看，人老的時候，就什麼能力都沒有了，可不像年輕的時候，想做什麼就做什麼。你要好好保重自己，趁年輕的時候，把人做好，把事業的基礎打好啊，不然等到老了，可就什麼都來不及了！」

禪師說完這句話後，翩然離去。就從那一天起，這個外甥洗心革面，開始努力工作。良寬禪師並沒有用什麼大道理規勸外甥，但一句「來不及」便勝過千言萬語，足夠震懾揮霍青春的年輕人。好學不倦固然是件好事，可好事並不是人人有優勢、有資本去做。和年輕人相比，中年人、老年人總歸是不占優勢的，可悲的是，年輕人總是被懶惰、享樂裹挾，白白錯過了「好學」的最佳時期。

求職時後悔大學的專業知識不紮實；成了剩男、剩女，後悔當初沒有惜取眼前人；躺在床上只剩最後一口氣時，才想著如果有來生要本本分分做人……可是後悔時永遠是事後諸葛，沒有實用。為此，不妨在後悔之前踏上學習的路，認真讀書，認真做人。

法師有一位徒弟，大學畢業之後到海外求學，在夏威夷讀了碩士，又到耶魯攻讀了博士學位。學成歸國之後，徒弟前來拜會法師，求教說：「師父，我現在已經是博士了，以後還要再學習什麼呢？」法師淡然一笑，回答說：「學習做人。」

求學之路漫長，所有學識並非如梅花明月，潔身自好便為究竟，只重讀書而不重做人，便大錯特錯。先學做人，繼學知識，再求成佛，這是世間不變的道理。當書本的專業知識已經不能滿足需要，不妨放下萬緣全部接受，事事好奇、處處學習，求精求全，忍耐辦事，認真做人。

實實在在，不要花裡胡哨

本煥長老病重期間，向弟子印順法師交代了自己的身後事，親自選擇了荼毗（火葬），還對極盡溢美之詞的悼文作了修改。後來記者問印順法師本煥長老為什麼這樣做，印順法師說：「火葬是老和尚自己選擇的，他說生歸叢林死歸塔，燒了乾淨。而修改悼文，是因為老和尚認為做人要實實在在，不要花裡胡哨。」回憶起本煥長老最後的光景，印順法師說：「老老實實，實實在在，做人做事。這既是他最後對自己的評價，也是留給所有人的箴言。」

「花裡胡哨」一句意在批評不認真、不真誠的做事風格，這類人往往說得好聽、做得差勁，空口許諾，敷衍了事。而實實在在的人，嘴巴笨一點，但手腳勤快一點，待人真誠一點，他們不會輕易答應什麼，但答應了就一定會去做。本煥長老修改自己的悼文，去除其中溢美之詞，正是要原原本本、真真實實地總結自己的一生，而不是有違本心地說一些拔高自己的話。

《維摩詰經》中有一句名言：「直心是道場。」擁有一顆「直心」，就是擁有坦蕩光明的心境，心口如一，言行如一，心地磊落，沒有牽掛，沒有糾纏，這本身就是一種實在。

心口如一，就是嘴裡所說的話，與心裡當下所想的內容是一致的，沒有欺騙自己和別人。可是，這並不意味著毫無遮攔地和盤托出心裡所想的一切，以至於不顧後果，不管別人的感受，甚至毫不在乎地用言語傷害別人；這不是「直心」，而是粗暴和無知，是沒有智慧和慈悲的表現。

在現實生活中，人們或者為了利益，或者為了情面，往往會說一些違心的話。佛家有「方便妄語」之說，意思是有時我們為了不傷害別人，可以說一些善意的謊言。不過，善意的謊言一定要出自真心，才符合心口如一的要求；倘若只是為了利益需要而說謊，為了情面而空許承諾，就談不上「善意」，也就更談不上「直心」。

言行如一，意即怎麼說就怎麼做，把自己所說的話原原本本地落實到行動上，這樣的心才夠爽直，這樣的生活才不至於虛空、虛妄。與此相反，把自己所說的話，統統變成口號，話說得很好聽，卻從來不將它落到實處，就是一種「花裡胡哨」。現實生活中，我們或多或少都會犯這種言行不一的毛病，有時是為現實所迫，有時則是因為自身的惰性。面對困難的事情，不斷為自己找藉口，不願意付出努力，久而久之，「不靠譜」、「靠不住」自然成了大多數人給我們的評價。

做到了心口如一、言行如一之後，就離「實實在在」不遠了。可是，我們常常會覺得自己的心很混亂，不得安寧，這是因為我們還有著太多的牽掛糾纏，以及由此而產生的執著與煩惱。所以，我們需要給自己的心鬆綁。捆縛身心的是什麼？《維摩詰經》裡說得很清楚：「何為病本？謂有攀緣。」攀緣心，使我們總忍不住要去攀附浮華，由此生出無窮無盡的謊話、大話、空話，原本清淨坦蕩的內心也被扭曲。

因此，要想保持內心實在，保證做事踏實，要從放下心裡的攀緣心開始，維持本色，在內心呵護一份本真，人生處處都是打磨實在的心的道場：

光嚴童子為尋求適於修行的清淨場所，決心離開喧鬧的城市。快要出城時，他遇到維摩居士。維摩居士妻妾眾多，資財無數，一方面瀟灑人生，遊戲風塵，享盡世間富貴；一方面又精悉佛理，崇佛向道，修成了救世菩薩，在佛教界被喻為「火中生蓮花」。

光嚴童子問維摩居士：「你從哪裡來？」

「我從道場來。」

「道場在哪裡？」

「直心是道場。」

聽到維摩居士講「直心是道場」，光嚴童子恍然大悟。「直心」即純一無雜之心，心無雜質，才能實在，辦事說話才能直來直去，不來虛的。有了「直心」，在任何地方都可修道；若無「直心」，就是在最清淨的深山古剎中也修不出正果。

能夠做到時時心口如一，處處言行如一，心地光明，就不必去追尋世外桃源，也不必嚮往人間淨土，更不必東攀西附。做好自己，哪怕身處喧鬧世俗也不受影響，那麼，心內便是淨土。

其實每個人的本性都沒有差別，所謂「人之初，性本善」，人一生下來本就具有純真的心念，只不過被後天的欲念所玷污，變得爭權奪利、事事計較，或因一時糊塗一步踏錯，步步皆錯。

人心本來純真無私，貼近地氣，可隨著年齡與閱歷的增長，人們漸漸發現周圍的許多人都心有城府、爾虞我詐、鉤心鬥角、自欺欺人，便不由自主地隨波逐流，漸漸也學會了「打太極」，學會了你我周旋。

有些人丟棄自己的意願，活在別人的標準裡，在別人的讚美裡找尋自我的價值。為了得到「有能力」、「有人脈」、「很熱心」等讚美，笑著說「沒問題」、「好的」、「交給我吧」，可笑過之後，讓自己活得疲憊先不說，還有可能讓許諾落空。

世上最累人的事，莫過於虛偽地過日子。做真實的自己，活出自己的性格，能得到發自內心的快樂，也能一步一個腳印地走在屬於自己的路上。本煥長老百年時依舊可以問心無愧地說自己的一生是「老老實實、實實在在」的，是因為他在自己的人生路上沒有開過一張空頭支票，而是始終做著自己宣導的利益眾生的善事、佛事。

少說漂亮話，多行實在事

在很多人的心目中，出家圖的是一份清靜，但求不問俗事，無所牽掛，其實這完全誤解了禪宗的旨意。禪宗講究救世度人，行慈悲，如果本著學佛避世的態度，就完全錯了。真正的學禪不僅僅是參參禪，念幾句「阿彌陀佛」，它更在於以行動來實踐佛理。

如本煥長老所言：「佛陀所講的一切法，都是為了我們去行，佛陀所講的一切經，都是我們修行所依的路。所謂『經者，徑也』，我們要回家，必須有路，有了路還必須去行。」生活中的事情都是如此，「紙上得來終覺淺，絕知此事要躬行」，無論自己在經典中學到，還是由高僧大德告知，都不是真正的「懂得」，人生一雙腳，是要用來丈量這個世界，從而證得自己的智慧。

有一句諺語說得好：「如果空喊能造出一所房子，驢子也能修一條街了。」誇誇其談，而不幹實事，最終會一事無成。想成功，就不能坐而論道，而需要言出必行，少說漂亮話，多行實在事。行動是做事、成事的起點，本煥長老在開示信眾時曾發問：「大家想一想，我們做哪一件事不需要行呢？不要說我們今天是為了無上解脫，為了了生脫死，就是世間的一切事，有哪一樁事情不靠行就能成功？」

「我看作任何事情，都要腳踏實地一步步去行，才能獲得成功。」長老用樸實的話語做出了回答。

好高騖遠的人，頭腦裡常常動著各種念頭、各種謀略，自認為心懷大志，只是機會還沒到或者是還沒有執行而已。實際上，若不著手去做，機會就永遠不會降臨。做事應該從近處著手、遠處著眼，光是有遠大的志向和願望，而沒有腳踏實地去做，那永遠都是一種虛幻的狂想或妄想。

弟子們問禪師：「老師，如何才能成功呢？」

禪師對弟子們說：「今天咱們只學一件最簡單也是最容易的事。每人在睡覺前說一百次『我行』，大家能做到嗎？」

弟子們疑惑地問：「為什麼要做這樣的事？」

禪師說：「做完了這件事，一年之後你們就知道如何能成功了。」

弟子們想：「這麼簡單的事，有什麼做不到的？」

一個月之後，禪師問弟子們：「我讓你們做的事，有誰堅持做了？」大部分的人都驕傲地說道：「我做了！」禪師滿意地點點頭說：「好！」

又過了一個月，禪師又問：「現在有多少人堅持了？」結果只有一半的人說：「我做了！」

一年過後，禪師再次問大家：「請告訴我，還有幾個人堅持了？」這時，只有一人驕傲地說：「老師，我做了！」

禪師把弟子們都叫到跟前，對他們說：「我曾經說過，做完這件事，你們就知道如何能成功。現在我要告訴你們，世間最容易的事常常也是最難做的事，最難的事也是最容易的事。說它容易，是因為只要願意做，人人都能做到；說它難，是因為真正能做到並持之以恆的，終究只是極少數人。」

後來，一直堅持的那個弟子成為禪師的衣缽傳人，在所有的弟子中只有他成功了。

每天一百次自語，看似簡單，卻沒有幾個人能做到。成功有時只是不間斷地、踏踏實實地做好一件很簡單的事。光心想、光會說，都是虛的，不能看到一點實際的東西。例如一個饑餓的人，讓他研究食譜，即使把山珍海味的名稱寫了滿滿一紙，也不能充饑，倒不如讓他立刻得到食品，才是實在。通向勝利之路要務實，行動會使幻想、計畫、目標都變為現實，成為一股活動的力量。

有一次，本煥長老在湖北新洲報恩寺停留，想要去黃梅雙峰山四祖寺，朝拜禪宗第四代宗師道信的傳法之處。恰逢當時秋雨霏霏，幾個徒弟便勸長老：「師父，朝拜四祖寺是應該的，但這天氣不宜去，再說四祖寺現在是一片瓦礫，去了恐怕也無所獲，不如等天氣晴朗了再去吧。」

長老笑道：「只管去，淋不到，只要去，定有獲。」

無論天氣如何，「只管去」，無論前路如何，哪怕遭遇失敗，只要去了就會有所獲。「淋不到」、「定有獲」的說法，飽含著本煥長老明朗自信的人生態度，以及事事以「行」為先的理念：

「我經常作個比喻，比喻我們要回家，有一天的路，如果一天的路，坐飛機很快；如果沒有飛機呢，坐火車慢一點，也會到家；如果沒有火車，坐汽車還是會到，雖然慢點，但是會到。如果飛機、火車、汽車都沒有了，那我們步行呢，還是可以到家，還是會到，只不過時間長一點。說來說去，我們就是要用功，就是要走，如果我們坐在這裡，永遠到不了家。」

在「不明白」的事情上來回參究

「不明白」即問題，本煥長老在解釋它的時候，說：「大家知道，祖宗強調一個『疑』字，就是起『疑情』。『疑』字從哪兒提起呢？從一個『不明白』上提起：不明白自己的本性，不明白講話的是誰，不明白念佛的是誰，不明白自己的本來面目，不明白我是誰……這個『不明白』不是簡單指『不明白一句話』，當你在這個『不明白』上認真地疑起來，來回地參究，它就是止，就是觀。它是直指心性的。」

讓人感到「不明白」的問題像個躲貓貓的孩子，笑人們不能對付他、不能奈何他，同時還時時引誘人們，刺激人們不斷地向自己發問：怎樣生活？怎樣突破？怎樣擺脫庸碌、成就無悔人生？如此，問題會帶動人生，不停滯，亦不倒退。

從這個層面上來講，「不明白」其實是走向「明白」的開始，它的妙用是以問題、困惑為藥引，刺激遇到問題的人將領悟從疑難中分離出來，靠自己的力量達到頭腦的澄明境界。正像本煥長老開示集中提到的，「我們有了疑情才能悟。為什麼有了疑情才能悟呢？大家想一想，高才生也好，低才生也好，都要發道心。」

從大疑惑處揣摩，有大頓悟，從小疑惑處揣摩，有小收穫，佛身本是俗世常人，他們的超脫皆從「不明白」處得來。既然如此，故意躲避問題，讓自己看起來好像什麼都明白，反而是一種逃避，一種退後。

克契禪師個性隨和，遇事盡可能不去麻煩別人，就連修行，也是一個人默默地進行。一天，佛光禪師問他：「你來我這兒也有十二個年頭了，有沒有什麼問題呢？要不要坐下來聊聊啊？」

克契連忙回答：「禪師您已經很忙了，學僧怎好隨便打擾呢？」

時光荏苒，歲月如梭，一晃又是三個秋冬。

這天，佛光禪師在路上碰到克契，又有意點化他，主動問道：「克契啊！你在參禪修道上可曾遇到些什麼問題？」

克契答道：「禪師您那麼忙，學僧不好耽誤您的時間！」

一年後，克契經過佛光禪師的禪房外，佛光禪師再對克契說道：「克契，你過來，今天我有空，不妨進禪室來談談禪道。」

克契趕忙合掌作禮，不好意思地說：「禪師很忙，我怎能隨便浪費您的時間呢？」佛光禪師知道克契過分謙虛，再怎樣參禪，也是無法開悟的，於是等到佛光禪師再次遇到克契時，便對他說：「學道坐禪，要不斷參究，你為何老是不來問我呢？」

只見克契仍然應道：「老禪師，您忙，學僧實在是不敢打擾！」

這時，佛光禪師大聲喝道：「忙！忙！我究竟是為誰在忙呢？除了別人，我也可以為你忙呀！」佛光禪師這一句「我也可以為你忙」的話，頓時驚醒了克契：忙不過是逃避的藉口，不知道自己哪裡不明白，不在不明白處仔細探究是阻礙禪修精進的石頭。

居士問本煥長老什麼是禪，本煥長老說疑情是禪。所謂疑情就是在「不明白」的地方來回參究，問自己為什麼會有這樣的疑惑，什麼可以破解這樣的疑惑，千般疑惑是否值得我們耗費心力。一問一答間，困惑煙消雲散，得內心清明澄澈，頭腦清醒、冷靜，即是佛家所說的開悟，尋常人嚮往的看開。

能從「不明白」處獲得一次開悟不算什麼，也保證不了自此就能了無糾纏，關鍵要長久地堅持。本煥長老曾說：「『不明白』一句話不算工夫，要真正持久地在這個『不明白』上起來疑情，那才是工夫。」這個工夫用到家，在本煥長老看來可以「不疑而自疑，不參而自參。你越是參，越想參，越參越高興」。

他說：「修禪的，就要在『念佛的是誰』這句話上起疑情，來回參究，直到疑成一團，突然來一個桶底脫落。」所謂桶底脫落，比喻的是恍然大悟的境界。當年清了禪師看到弟子們在廚房煮面，突然面桶的底兒掉了，致使整桶面都撒在了地上。眾人見狀都說很可惜，清了禪師卻說：「桶底脫落是件好事啊！各位為什麼煩惱呢？」禪師的意思是，底掉了就是掉了，煩惱也無濟於事；反而是沒底的桶，再也沒什麼可掉了，倒是清靜了。

未開悟者遇事易煩惱，開悟者遇事常灑脫，他們的差異在於後者在經歷了無數的生活困惑後，參透了事理的玄機。對於常人、現代人而言，自不必枯坐面壁，求「桶底脫落」，卻可以像佛家中人那般，遇事時不躲不藏、面對問題，然後在問題中找尋突圍的方法。

在生活中學會起疑，學會面對疑問，把對疑問的探究當成生活的一部分。有什麼問題一次想不明白，就多想幾次，或者去請教別人。如此一步一步追問下去，讓生命在不斷地出現疑問、不斷地尋求答案中度過。

袋子裡裝把「戒刀」，不會走錯路……

本煥長老2004年的時候曾在北京大學做過一場演講，他講了一個關於神光二祖的故事：

禪光自幼聰穎過人，博聞強識，很早就讀完了世間所有的典籍，正覺得無書可讀的時候，他接觸到了佛法，覺得參禪悟道才是自己真心想學的，於是發下大願，出家修行。

遁入空門後，禪光神解超群，進步飛快，得到他師父的青睞。日子一天天過去，師父瞅準機會把禪光推薦給了達摩初祖。可是等禪光來到達摩初祖門前，達摩初祖卻像不知道這個人的存在一般，不理他、不睬他，空讓禪光在門外等候。

時值冬季，漫天飄雪，等候多時的禪光已是又凍又餓。但即便這樣，達摩初祖卻從門內拋出一句：「輕心慢心，焉能聞法？」

聽聞此語，禪光不禁覺得冤枉：「這是從何說起呢？我站在雪裡又凍又餓，還說我是輕心慢心。」但他不敢強辯，為了向達摩祖師表明自己求法的真誠心，禪光馬上拿出戒刀，把胳膊砍下來遞給了達摩初祖。

儘管如此，達摩初祖依舊對他視而不見。時間一分一秒地過去，斷臂處從淌血到無血可淌，白雪成了紅梅色，禪光更加饑寒難耐。到他實在受不了的時候，禪光便哀求達摩初祖為他安心。不承想，達摩初祖卻說：「你拿心來，我為你安！」

禪光聽後不禁欣喜，可是他翻遍渾身上下，卻不曾找到自己的心，便向初祖說：「覓心了不得。」

達摩初祖淡淡地說：「那我怎麼為你安心呢？」

禪光疑惑片刻，言下大悟。

達摩初祖的百般刁難，其實是要禪光時時守住自己的心，如何守？持戒而守，如此才不會覓心不得。

本煥長老講完故事後，台下的人依舊對故事背後的寓意不甚了了，本煥長老於是重拾話頭，解釋道：「我們出家人這個袋子裡過去裝的有把戒刀。為什麼裝戒刀，就是時刻提醒自己，寧可守戒而死，不可毀戒而生！修學佛法要有殺身成仁的勇猛氣概。」他口中所說「寧可守戒而死，不可毀戒而生」的氣概，其實就是一種原則性的自我把持。

有眾人眼光注視時，自我把持易；獨處一室、無人看管時，自我把持難。

沒有磨礪、考驗時，自我把持易；有生死相逼、利益矛盾時，自我把持難。

可是易處人人能為，難有鶴立雞群的機會；唯有難處堅持，方可能在他人難為處修成正果。

本煥長老之所以如此重視「持戒」、自我把持，是因為任何事物都需要一定的約束，任何人都需要在一定的條件下辦成自己的事。俗話說：「無規矩不成方圓。」有約束的自由才是常態，世上並沒有無約束的自由，而只有不同約束條件下的自由。

約束和自由並非絕對的，而是相對的。有了約束才會有自由，因為自由存在的前提是束縛，沒有各種各樣比如道德法律上的約束和規定，或者各種人為的規則和要求，自由就無從談起；另一方面，沒有自由，約束也就失去了其本身具有的意義和作用。

自由和約束看似矛盾，卻又息息相關；佛家的持戒此時是約束，將來則可能是超脫。自我持戒、約束就是自律，一個聲譽良好的人總是能將自律養成習慣，正因為自律，他的品行才能經受住多種考驗。但是，人難免有一時疏忽。這一時的忽視，就可能前功盡棄，數年名聲化為流水。

這天，剛剛做完日常佛事，僧侶們正要走出禪房時，方丈守心法師揚手碰落了供臺上的一個瓷瓶，瓷瓶摔了個粉碎。眾弟子一下愣在了那裡，不知方丈這一舉動是有意為之，還是無意所致。守心法師見學僧都以探詢的眼光看著自己，便語氣凝重地說：

「一坯泥土，不知經歷了多少工序，經過了多長時間的煅燒，才超脫成珍貴的瓷瓶，被我們擺上神聖的供桌，成為一件高貴聖潔的法器。如果保存好，千百年都不會損壞，可以萬世流傳。可是，揚手之間，它就墜落於地，一文不值了。同理，一個人，尤其是斂德修行的僧人，取得了法號，悟出個境界，不是件易事，若不珍惜、不自律，墮落起來與瓷瓶無異！」

僧侶們默默無語，只有些人忽然頓悟，合掌跪地，深表懺悔。

守心禪師這番話其實是在說，人墮落起來與墜地的瓷瓶一樣，名聲品行累積起來不容易，但揮霍一空只是眨眼之間，縱然令人痛惜，也是無可奈何的事情。所以古人總是強調謹小慎微、善始善終。

佛家持戒看似抽象，自我把持不得放鬆看似小題大作，可是這個自我約束的道理是世界萬物都在遵守的定律。河床是河流的約束，如果河流沒有了河床的約束，那麼它將氾濫成災；軌道是火車的約束，如果火車失去了軌道，那麼它將無法行駛；土壤是植物的約束，如果植物離開了土壤，那麼它將不能生存。法律與理智是人的約束，如果人失去了理智，沒有了法律與規定的約束，那麼這個世界將一片狼藉，人類世界也就不會有今天的文明。

方向盤對車輪的限制、約束，是為了不讓它走錯路，不以至於跌入深淵之中；人們對花、草、樹、木的約束也是為了塑造它們美的氣質，讓它們成為供人觀賞的東西。佛家持戒，甚至不惜為受戒、守戒斷手斷腳，不惜捨身護法，是為了讓心靈在鐐銬的桎梏下參透人生的苦締，開出思想的花。我們涉足滾滾紅塵，自不必像佛家那般血腥，只需在心間預留一根繩子，時時牽住偶爾想要放縱的心、想得過且過的惰性，如此便不至於迷惘、不知自己為什麼而活。

各人吃飯各人飽，誰也不能代替你

神會禪師前去拜見六祖慧能禪師，六祖問他：「你從哪裡來？」

神會答道：「沒從哪裡來。」

六祖問：「為什麼不回去？」

神會答：「沒有來，談什麼回去？」

「你把生命帶來了嗎？」

神會答：「帶來了。」

「既有生命，應該知道自己生命中的真相了吧？」

神會答：「只有肉身來來去去，沒有靈魂往往返返！」

六祖慧能拾起禪杖，打了他一下。

神會毫不躲避，只是高聲問：「和尚坐禪時，是見還是不見？」

六祖慧能又杖打了三下，才說：「我打你，是痛還是不痛？」

神會答：「感覺痛，又不痛。」

「痛或不痛，有什麼意義？」

神會答：「只有俗人才會因為痛而有怨恨之心，木頭和石頭是不會感覺到痛的。」

「這就是了！生命是要超越一切世俗觀念，捨棄一切塵想與貪欲的。見與不見，又有什麼關係？痛與不痛，又能怎樣？無法擺脫軀殼的束縛，還談什麼生命的本源？問路的人是因為不知道去路，如果知道，還用問嗎？你生命的本源只有自己能夠看到，因為你迷失了，所以你才來問我有沒有看見你的生命。生命需要自己把握，何必問我見或不見？」

神會默默禮拜合十。

我們平時總是重視外面的力量，如胡適之說「被人牽著鼻子走」，心生依賴，依賴一生，內心便會脆弱，不能自主地掌控人生。其實每個人的生命都是獨立的，沒有人可以完全依靠別人的扶持而生活，想要穩穩當當地做人，想要體驗生命的精彩，唯一的通道就是自己度自己。

曾經有人問本煥長老如何發道心，有沒有什麼訣竅。本煥長老回答說：「發道心，要你自己發，不是要我發，得到好處是你自己的，不是我的。各人吃飯各人飽，各人生死各人了，誰也不能代替你。」

本煥長老的這段話說得平實，很直截了當地道出了命運靠自己的人生哲理。一個人吃完飯，另一個人不會感到飽腹，同樣的，一個人餓了，不能找人來替他吃飯。將這個道理推而廣之，世間的求索從來不是靠守株待兔達成的。西諺說：「黃金隨著潮水流來，你也應該早起把它撈起來。」意思是說即使是送到眼前的財富，如果人們不去動手撿拾，再大的財富也不會為人擁有。不僅是財富，大到權勢地位，吃食湯水，自己不動腳攀爬，不動手抓取，不努力尋求，它們都不會長出手腳，主動說「我是你的」。

世間沒有不勞而獲的成就，萬丈高樓平地起，萬里路程一步始。智者一切求自己，愚者一切求別人。一切靠自己永遠是成功的不二法門。唐明皇在蝗蟲遍地之時，毅然離開佛前，第一個嘗了油炸的「天蟲」，告訴民眾治蝗災要靠自己；鄭板橋也在臨終時告誡兒子：「流自己的汗，吃自己的飯，自己的事情自己幹，靠天靠地靠祖宗，不算是好漢。」佛以無限慈悲心度世間一切眾生，然而，即使是佛，也無法代替世人感受生活。

道謙禪師與好友宗圓結伴參訪行腳，宗圓不堪旅途之苦，幾次鬧著要回去。

道謙於是安慰他說：「我們已發心出來參學，而且也走了這麼遠的路，現在半途放棄實在可惜。這樣吧，從現在起，一路上如果可以替你做的事，我一定為你代勞，但只有五件事我幫不上忙。」

宗圓問道：「哪五件事？」

道謙答道：「穿衣、吃飯、屙屎、撒尿、走路。」

聽了道謙的話，宗圓大悟，從此再也不喊辛苦。

自己的苦只能自己擔待，生活中的一切也只能自己去體驗，依靠他人總是有限的，因為他人不可能替你活著。

生活只能由自己掌控和承擔。靠自己，才能有所收穫，靠自己得到的收穫才會讓人心安理得。無論是學佛，還是做事，都不能像武俠電視劇裡所演的那樣，靠高人輸給自己幾十年的「功力」，或靠吃靈芝和仙丹一夜成功。

中國當代哲學家錢穆先生曾感嘆：「生命自我之支撐點，並不在生命自身之內，而安放在生命自身之外，這就造成了人生一項不可救藥的致命傷。」本來需要內心處實現的東西，卻偏偏要在生命之外，折騰些花裡胡哨、終究要凋零的物事，如此對外界產生依賴，內心就會變得無有空間立足，而一旦失去外力的幫助就會無法前進。

要想依靠自己走向願景，需要有恆心，發願力。成功不是一朝一夕就能達成的，要有恆心，有願力，鍥而不捨，肯下苦功，才能不斷成長進步。在持久的跋涉、發願過程中，增強自我的力量，在平日的生活中有意識地訓練自己的能力，如增強學習能力，堅定對成功的信仰，用知識和思考力武裝自己，等等。

沒人能替我們成功，生命是一條船，要順利通向彼岸，只能靠我們自己掌握航向；生活是一塊待耕耘的土地，想要獲得豐收的果實，就需要我們付出辛勤的汗水；世間充滿艱難險阻，想要有所成就，也需要我們具有堅強的毅力和無比的信念。沒人能替我們成功，只能靠著一雙手，打出屬於自己的一片天；靠著一雙腳，走出自己的一條路。

要做就做得令人歡喜

佛陀與阿難、迦葉兩位侍者行腳。到了中午，三人口渴，正好附近有處瓜田，佛陀便請阿難前去化緣西瓜。

阿難來到瓜田化緣，可看守瓜田的年輕女子一見阿難就惱怒地拒絕了他的要求，並將阿難趕出了她的瓜田。阿難失望地回到佛陀處，向佛陀訴說了剛才的經歷。佛陀聽後，便讓迦葉前去。

迦葉到了瓜田，那年輕女子一見他便向他頂禮，殷勤地問候他，還主動挑了一個最好的西瓜給迦葉。

迦葉抱著西瓜回到佛陀處，向佛陀請教為何阿難與自己的境遇會如此不同。於是佛陀便向他們講述了兩人過去生的因緣。

數萬劫前，迦葉與阿難同為出家人，二者經常結伴行腳。某盛夏的一天，二人在路上碰到一具已然腐臭的貓屍。走在前頭的阿難看見了掩鼻走過，而走在後面的迦葉卻慈悲地將死貓掩埋，為牠三皈依。

最後，佛陀說：「那死貓轉世後便是瓜田中的女子。她之所以能得人身，便是因為當年迦葉為她皈依祝願，所以她才能對迦葉心生歡喜；阿難之所以受到辱罵，就是因為當年一念嫌惡之心。」

佛陀口中的「心生歡喜」，即是心存感激，這份感激是女子對迦葉善行的回報，行善、回報之間的來往即是佛說的因果報應。在佛家看來，世間的一切事物都在彼此的因緣際會中生生不息，一個人如何對待自己以外的事物，關係到他們將來如何對待自己。

身為修行八十餘載的高僧，本煥長老向很多人開示過「歡喜」二字，他說：「對國家、對人民、對佛法有利的事情就做，要做就做得令人歡喜。」在他看來，令他人歡喜即是令自己歡喜，連接你我歡喜的橋樑無非一個善字，一個緣字。善由緣生，緣因善結，可並不是所有的善都能締結令人歡喜的緣分。

誠拙禪師在圓覺寺弘法時，法緣非常興盛，每次講經時，人都擠得水洩不通，故信徒間就有人提議，要建一座較寬敞的講堂。

一位信徒用袋子裝了五十兩黃金，送到寺院給誠拙禪師，說明是要捐助蓋講堂用的。禪師收下後，就忙著做別的事去了，信徒對此態度非常不滿，因為五十兩黃金，不是一筆小數目，可以給平常人過好幾年生活，而禪師拿到這筆鉅款，竟連一個「謝」字也沒有，於是就緊跟在誠拙的後面提醒道：「師父！我那袋子裡裝的是五十兩黃金。」

誠拙禪師應道：「施主不必多言，我已經知道了。」說這話時，禪師並沒有停下腳步，信徒便提高嗓門道：「喂！師父！我今天捐的五十兩黃金，可不是小數目呀！難道你連一個『謝』字都不肯講嗎？」

禪師剛好走到大雄寶殿佛像前停下反問道：「你捐錢給佛祖，為什麼要我跟你謝謝？你佈施是在做你自己的功德，如果你要將功德當成一種買賣，我就代替佛祖向你說聲『謝謝』，請你把『謝謝』帶回去，從此你與佛祖『銀貨兩訖』！」

施善行善不是黃金交易，與人錢財，不一定回收利潤。倘若有一種所謂的善行，是經由他人回報來衡量的，那麼佛祖、菩薩就是世間最不會行善的人、最不會讓人歡喜的慈悲，因為他行善佈施從來不求人給回報。

行善的時候，就單純地做行善的打算，而不起「將來可能用到他」、「他可能會回報更多」等功利性的心念，看到人家可憐應該同情，但同情就是同情，施與幫助之後，心無一事，才是佛法佈施的道理，否則受者、施者之間就會有「要回報」、「求回報」的負擔，因此即便做了好事、結了緣分，也不過是一種負擔。

這一佛理是本煥長老所推崇的，他曾親筆題寫「但願眾生得離苦，不為自己求安樂」，懸掛於自己的廳堂之上，為的就是時時提醒自己利益眾生、度化眾生。他住持的弘法寺香火極盛，但在招待遊客的餐飯、住宿上始終堅持免費供應的傳統。

人們好奇地問本煥長老的弟子印順法師，為什麼這樣做。印順法師說：「寺廟是民眾靈魂的家園，其一磚一瓦都來自社會捐贈，每一炷香都寄託了每個人的願望，向遊客們收取門票和香火錢是不應該的。寺廟傾力做慈善，多年來捐作慈善的錢數以億計，僅汶川大地震一下就捐出兩三千萬，當時寺裡只剩下百萬維持開銷。而本煥長老對此表示，廟門還開著，有什麼怕的。」

本煥長老信善信緣，行善結緣，即使在己身拮据時依然淡定應對，足見其禪宗之胸懷：毫無保留，不帶任何附加條件地幫助別人。正所謂「救盡天下蒼生，心中不留一念」，這才是真正的佛境界，除此以外，皆是非歡喜。現實生活中，我們行善欲求行得滿足，讓人在接受的時候感到歡喜而非負擔，應當抱持不求回報的心態，一心為他人著想，讓一切施與了無痕跡。

想了做，做了成，處處逢歸路

學道容易悟道難，不下工夫總是閒；
能信不行空費力，空談論說也徒然。

——明．憨山德清

好高騖遠的人，頭腦裡常常動著各種念頭、各種謀略，自認為心懷大志，只是機會還沒到或者是還沒有執行而已。殊不知踏實地走一步路，勝過說一百句空洞的漂亮話。想了就去做，不要心存等待。人的心胸、志氣要大，落腳點卻須實在；著眼宜深宜廣，行動起來卻要穩當。

想了要做，做了要成

佛法勸誡人們戒除妄念，因為妄念是人心底一種狹隘的欲望，往往脫離了人們生活的現實而存在。脫離了現實的基礎，任何想法都會成為一種遙不可及的夢想，難以實現。就如同誰都想成為世界級的富翁，誰都想擁有縱橫天下的智慧一樣，志向遠大固然好，但一定要根據自己的實際情況作一個判定，遙不可及的期望不過是狂妄而已。

所以本煥長老說：「你們年輕人妄想多，想了還要做，做了以後還要成！」長老並不否認年輕人的「妄想」，想法多並不是壞事，但想了之後要能夠去做，還要能做成，要透過恰當的方法使「妄想」變作現實。

一個年輕的小和尚在逛集市的時候，看見一位老人擺了個攤子，只見老人旁邊有一個盛滿水的大木盆，裡面有許多大魚游來游去。老人不賣魚，只是向有意撈魚者出售漁網，撈魚者撈起來的魚無論大小，都歸撈魚人所有。小和尚一時善心大發，他想：「我要把這些魚都撈起來，然後全部放生。」

於是，小和尚買下了一隻漁網，在大木盆裡撈魚，然而魚還沒撈上來，漁網就破了。於是小和尚又買了一隻漁網，接著再撈魚，然而還是在撈上魚之前漁網就破了。小和尚又買了第三隻漁網，結果還是同前兩次一樣。

這時，小和尚見老人瞇著眼看自己的蠢樣，心中似乎在暗自竊笑，便氣憤地說：「施主，你這網子做得也太薄了，幾乎一碰到水就破了，那些魚又怎麼撈得起來呢？」

老人回答說：「小師父，看你是個出家人，應該明白這其中的道理，沒想到你也不懂啊。當你心中生出意念，想要撈起多少魚的時候，你可曾打量過你手中所握的漁網是否有那麼大的能耐？當你沉迷於眼前的目標之際，你衡量過自己的實力嗎？」

像小和尚一樣空有遠大目標，卻不顧及目標可行性，也不為實現目標制定切實可行方案的人，往往難以成事。做事需要認清自己的實際情況，選擇適合自己的目標，然後衡量現狀，不為自己無能為力的事徒然嗟嘆，也不為成功的遙遠而臨陣退縮，而要為現在能做到的事盡心盡力，從觸手可及的目標做起，一步一步前進，最終實現理想。

有兩個和尚分別住在相鄰兩座山上的廟裡，兩座山之間有一條小溪，兩個和尚每天都會在同一時間下山去溪邊挑水，久而久之，二人成為好友。時光飛逝如白駒過隙，在一成不變的生活中不知不覺已過了五年。

突然有一天左邊這座山的和尚沒有下山挑水，右邊那座山的和尚心想：「他大概睡過頭了。」哪知第二天左邊這座山的和尚還是沒有下山挑水，第三天也一樣。過了十天還是一樣，直到過了一個月，右邊那座山的和尚終於受不了了，他心想：「我的朋友可能生病了，我要過去拜訪他，看看能幫上什麼忙。」

於是他便爬上了左邊這座山，去探望他的老朋友。等他到了左邊這座山的廟裡，看到他的老友之後大吃一驚，因為他的老友正在誦經讀書，一點也不像一個月沒喝水的人。他好奇地問：「你已經一個月沒有下山挑水了，難道你可以不用喝水嗎？」

左邊這座山的和尚微笑著說：「來，我帶你去看。」於是他帶著右邊那座山的和尚走到廟的後院，指著一口井說：「這五年來，我每天做完功課後都會抽空挖這口井，即使有時很忙，能挖多少就算多少。如今終於讓我挖出井水，我就不用再下山挑水了，可以有更多時間誦經打坐，鑽研佛理。」

沒有規劃的人容易隨波逐流，一無所得。目光遠大的人，會有長遠的計畫；有長遠打算的人，會實實在在做好眼前的事。而在實踐的過程中，需要堅持不懈的精神。本煥長老認為：「行貴在堅持，貴在不間斷。不能說今天行了，明天就不行；此時行了，彼時就不行。」同時，還需要有專注不移的工夫：「修行人，如果想把工夫用好，要時時刻刻和在在處處行，白天行，晚上也行，坐著行，走著也行，醒著行，夢中也行，那才是好的。」

年輕時，不要只知放逸懈怠

人的一生就好像是一次曠野中的旅程，風雨無常是常事，因此世人都希望獲得一份安逸的生活。但若一味追求安逸，就無法練就迎擊風雨的堅強體魄和強大內心。有一首禪詩形容人生：「四蛇同篋險複險，二鼠侵藤危更危；不把蓮花栽淨域，未知何劫是休時。」這裡的「四蛇同篋」、「二鼠侵藤」與佛經中的一則故事有關：

一位行者在途中被一隻猛虎追趕，偏偏此時他身在荒野無處可藏，不由得心急如焚。此時，他的眼前出現了一口枯井。行者欣喜若狂，奔到井邊。他如此幸運，井邊正好有一根藤，他便順著藤下到井裡。

快到井底時，他突然發現井底盤著四條毒蛇。蛇吐著紅信子，昂頭盯著他。行者一瞧不妙，於是只好攀著藤掛在半空，不再往下。現在，他暫時安全了。正當他想鬆一口氣時，卻發現兩隻老鼠正在啃咬他的救命井藤。一旦藤被咬斷，他將跌落井底，受粉身碎骨與毒蛇咬噬之苦。一想到此，行者便恐懼憂駭。

忽然，一群蜜蜂從井口飛過，滴下幾滴蜜來，恰好落在行者嘴邊。他一嘗，甜味絲絲入心，以至於使他忘記了自己正身處險境。

這幾滴蜜正是人世之安逸。人在安逸中常常忘記世間危險，忘記人生時日的追之不及，忘記自己最初的理想。本煥長老就曾勸誡年輕人：「你們現在雖然年輕，但也要注意觀察老苦。不要在年輕時，只知放逸懈怠，待到老苦逼身時，再後悔就來不及了。」

年輕時放逸懈怠，不知進取，年紀大了便會徒然悔恨傷悲。若不想生命碌碌無為度過，就要有意識地珍惜從自己指間溜過的每一秒鐘。人唯有在忙碌中，生命才有辦法安住，活得才有意義。就像一台機器，長久不用就會生銹；而一個年輕人不努力進取的話，心志就會消沉，意志力也會磨損，久而久之就會變得衰弱不堪，一事無成。

無德禪師在收學僧之前，叮囑他們把原有的一切都丟在山門之外。禪堂裡，他要學僧「色身交予常住，性命付給龍天」。但是，有的學僧好吃懶做，討厭做活；有的學僧貪圖享受，攀緣俗事。於是，無德禪師講了下面這個故事：

有個人死後，靈魂來到一個大門前。進門的時候，看門人對他說：「喜歡吃嗎？這裡有的是精美食物。你喜歡睡嗎？這裡想睡多久就睡多久。你喜歡玩嗎？這裡的娛樂任你選擇。你討厭工作嗎？這裡保證你無事可做，沒有管束。」

這個人很高興地留下來，吃完就睡，睡夠就玩，邊玩邊吃。三個月下來，他漸漸覺得沒有意思，於是問看門人：「這種日子過久了，也不是很好。玩得太多，我已提不起什麼興趣；吃得太飽，使我不斷發胖；睡得太久，頭腦變得遲鈍。你能給我一份工作嗎？」

看門人答道：「對不起，這裡沒有工作！」

又過了三個月，這人實在忍不住了，又問看門人：「這種日子我實在沒法忍受，如果沒有工作，我寧願下地獄！」

看門人帶著譏笑的口氣問道：「這裡本來就是地獄！你以為這裡是極樂世界嗎？在這裡，你沒有理想，沒有創造，沒有前途，沒有激情，你會失去活下去的信心。這種心靈的煎熬，更甚於上刀山下油鍋的皮肉之苦，你當然受不了啦！」

過於安逸的生活如地獄。安逸慣了的人，信心很容易流失，也常常不能忍受挫折，容易被外界的變化牽著鼻子走。當一個人所有的智慧與能力都在這樣的地獄中消磨殆盡的時候，再後悔已經來不及。

人的一生，都要經受安逸的誘惑。三伏天，酷暑難當，暴曬的烈日之下與涼風習習的河邊，選擇哪一個？三九日，冰天雪地，寒風凜冽的狂野與溫暖如春的爐火旁，又如何取捨？大多數人都會選擇後者。人都嚮往安逸的生活，經過長途跋涉，短暫的安逸生活可以使人得到休息和寧靜，但是長期的安逸，有害無益。一開始就選擇享受的人和一開始就執著奔波、千錘百煉的人，最後的結局往往是後者成了珍品，前者成了廢料。

不隨便開口，開口就要驚天動地

須菩提尊者正在山中準備說法，還沒有開始說，忽然從天空中飄灑下來無數的五彩鮮花，還傳來由衷的讚嘆聲。

尊者問：「誰在空中散花讚嘆？為什麼讚嘆呢？」

空中傳來渾厚的聲音：「我是天帝釋。尊者的《般若經》說得實在太好了！我情不自禁要散花讚嘆。」

尊者反問道：「我還沒有說《般若經》中的一個字呢！你怎麼知道好呢？讚嘆從何說起呢？」

天帝釋意味深長地回答：「是的，尊者沒有說，我也沒有聽到。但正是像這樣的不說，才是真正的解說智慧；正是像這樣的無聞，才是真正的理解智慧。」

意會比言傳更能道出佛法的深奧玄妙。昔日佛陀在靈鷲山說法，只拈起一朵金婆羅花，神態安然，沉默不語。在座眾人都不明所以，唯有摩訶迦葉微微一笑，故而佛陀將衣缽授予迦葉。佛法妙處難以言說，只能「以心傳心」。在這裡，言語的用處何其微渺。

事實上，佛家持戒的重要原則之一便是慎言。佛陀常常教導人們不要隨便說話，要說就說柔軟語、真實語、慈悲語、愛語。本煥長老也常在禪七（禪宗中以七天為期集中參禪修行的一種方式）中開示：「你們在這個時候，要如臨深淵，如履薄冰，把精神提得足足的，在這裡好好用功。你們不能隨便開口，開口就要驚天動地。」

長老的話雖是針對禪七修行而言，卻將「言」與「行」的關係闡釋得很透徹：不行則不言，言出則已行。孔子也說過：「先行其言，而後從之。」先去實踐自己所要說的話，等到真的做到了以後再說出來。這與本煥長老「不隨便開口，開口就要驚天動地」的說法一樣，都是將「行」的位置放在「言」之前，強調「行」的重要。

懂得了某個道理便立刻去做，大多數人都難以做到這一點。這一方面是因為行為上的惰性；另一方面則是因為缺乏實踐的勇氣。人有時明明知道應該怎樣做才是正確的，卻千方百計找許多藉口推說自己做不到。「想得到，做不來」，這句話幾乎概括了許多人一生的毛病。

人在世上立身，說一句話，做一件事，都要如臨深淵，如履薄冰，要提起十二分的精神，不容一絲大意。常言道，「禍從口出，患從口入」，我們要控制自己的言語，該說的說，不該說的不說。話多不如話少，倘若一開口，便滔滔不絕，套話和廢話遠遠多於有用的話，或者一開口便沒有一句好言，那麼，不如乾脆不說。

我們生活在人與人組成的社會，時時都要面對人與人之間的交往，而交往很大程度上就依賴於言語的交流。世人都說為人處世極難，說話辦事尤其如此，說話之時要嚴謹、認真，非到關鍵處，不可多言。

一個人不要多說話，多說是沒有益處的。譬如一個酒鬼，酒後囉囉唆唆地說個不休，有誰把他的話當真？法庭上的法官是不大說話的，但不開口則已，一旦開口，造成的影響往往不容忽視。

信口開河，難以取信於人；光說不做，則無法獲取真正的成就。不知道說什麼時，選擇沉默；沒想好時，選擇少說；真到了非說不可的時候，講出來的話一定是要經過深思熟慮的、有邏輯的，否則就可能說出廢話，白白浪費體力。有時間將話語修飾得美麗、天花亂墜，不如把說話的時間用來做事。

大事小事都須灌注十分的心力

修行不能日行千里，沒有速成的捷徑，若無耐心，沒有恆心，且沒有誠意在心中，便不能得道。本煥長老曾說：「只要能發心出家，只要能用心辦道，任何人都有開悟、解脫的可能。」長老承認眾生皆有佛性，同時也強調「發心」、「用心」的重要性，這實際上是將堅定的信念當作成事的前提。

佛家認為，有了願力，就有奇蹟發生。所謂願力，就是希望、願景、信念。修佛法也好，救濟眾生也好、普度人間也好，沒有這樣的「願力」，就很難有所成就。

很久以前，有一隻名叫歡喜首的鸚鵡，牠與許多鳥獸同住在雪山對面的大竹林中。有一天，竹林起了大火，火勢迅速蔓延開來，竹林瞬間化作火海。由於火勢猛烈，鳥獸們都非常害怕，四處逃竄。

眼見這一幕，歡喜首心中不忍，飛向遠處的大海取水。大海距此遙遠，竹林面積廣大，歡喜首根本不可能撲滅大火，但牠仍然不捨林中的鳥獸同伴，毅然奔赴大海，沾濕翅膀，回到竹林抖落翅膀上的水，希望撲滅大火。

就這樣，牠不停地在大海與竹林間往返奔波，不辭辛苦，幾乎累死。

歡喜首撼天動地，驚動了天帝釋。天帝釋驚訝地問：「何業力竟使忉利天宮發生如此震動？」隨後用天眼觀察，發現了歡喜首的行為，不由得大為感動。於是，天帝釋來到了歡喜首的面前說：「竹林如此大，你來回所沾的水不過幾滴，根本無法撲滅大火，為什麼還要堅持？」

歡喜首回答：「我相信只要有願力，就一定能滅火，即使犧牲性命。如果我犧牲了性命也不能撲滅大火，願意來生再繼續滅火，直到大火熄滅為止！」

天帝釋被歡喜首的悲心及精進的願力所感動，立刻降下大雨，撲滅了大火。

火再大，有心就能夠撲滅。歡喜首的宏願看似不切實際，但其「精衛填海」的精神和大慈大悲的情懷卻可以撼天動地，奇蹟又怎會離牠而去？

佛說，每一種善行都有回聲。而在修行的道路上，每一種願力都能有美好的回報。發多大的心，就得多大的福；立多大的願，就得多大的力量。不要輕視微小的心願，有歡喜心、恆常心，力量自然就大。

對於修行之人來說，有了願力，就不會渾渾噩噩；對於世人來說，有了願力就不會愚癡苦悶。沒有信念的人，猶如一個沒有羅盤的水手在浩瀚的大海裡隨波逐流，自然無法抵達彼岸。

信念能夠產生巨大的力量。當想像自己會成功時，信心就會增強，我們就會在實踐中想方設法去做。有一位哲人說過：「很難說世上有什麼做不了的事，因為昨天的夢想可以是今天的希望，還可以是明天的現實。」有成功的信念，瞄準方向前行，那麼，現實的成功就離得不遠了。

本煥長老常說：「要不斷發心，多發心，發大心。」長老認為，任何人的成功都不是偶然，也並非註定。他們成功，是因為能夠長期用功，長期發心，慢慢累積、培養自己的福德因緣。換句話說，若每個人都能夠立下宏願，用心發憤，堅定前行，那麼，每個人都能開悟，都能成就自己。

命運，命運，一曰命，二曰運，前者是天生，後者則可以掌控，而且可以藉以掌控前者。每個人的世界、人生都是自己造成的，命運就是隨機抓到手中的麻將，好壞全憑「命」。然而，高明的玩家，即使手中抓了一副爛牌，也不會輕易放棄，而會堅持拼下去。因為，賭局沒有結束，每個人就都有贏的機會。

懷積極心，懷發願力，就能改變生活的狀態。一天做一件實事，一月做一件新事，一年做一件大事，一生做一件有意義的事——照著這樣的節奏，灌注十分的心力，不動搖地走下去。

安心精進，永不停息

一個小和尚在寺院中擔任撞鐘之職。按照寺院的規定，早上和黃昏各要撞一次鐘，小和尚將撞鐘的時間牢牢地記在心中，無論陰天下雨，還是狂風冷雪，他都堅持著自己的工作，鐘聲從未間斷。

但年復一年，小和尚開始厭倦了，他覺得每天撞兩次鐘實在是再簡單不過的工作，周而復始千篇一律實在太過無聊，心也就漸漸地麻木起來，每次撞鐘時，或者天馬行空地任思想遊離在外，或者什麼也不想，就如機器一般。

一天，小和尚撞鐘時，寺院的住持從旁邊經過，他看到小和尚漫不經心的表情，便將他叫到了身邊，語重心長地對他說：「看來，你已經不能勝任撞鐘這個工作了，你還是去後院砍柴挑水吧！」

小和尚既不解又委屈：「師父，撞鐘還需要什麼特別的能力嗎？難道我撞出來的鐘聲不夠響亮，還是曾經耽誤過時間？」

住持說：「你很準時，撞的鐘聲也很響亮，但是你的鐘聲有什麼特殊之處嗎？」

「需要什麼特殊的東西呢？」

「你沒有理解撞鐘的意義。鐘聲不僅僅是寺裡作息的信號，更為重要的是喚醒沉迷的眾生。因此，鐘聲不僅要洪亮，還要圓潤、渾厚、深沉、悠遠。心中無鐘，即是無佛；如果不虔誠，怎能擔當撞鐘之職！捫心自問，你心中有鐘嗎？」

小和尚低下了頭，臉上露出慚愧之色。

「暮鼓晨鐘」是寺院裡的規矩，但規矩的存在並非只是一種古板的刻意為之，其中總是蘊含著更多的深意。小和尚沒有用心去體會自己職責中更深層次的含義，以至於將撞鐘當成了一份機械重複、不帶任何感情的工作。所以，他這個「撞鐘和尚」不夠合格。

周而復始、千篇一律地做同一件事，難免感覺枯燥乏味，事情做久了，做多了，就容易麻木，進而失去精進的心，對事消極敷衍，應付了事。本煥長老說：「精進不僅體現在身體上，還要體現在思想上……若思想做不得主，光身體精進有什麼用？」

好比有些人對工作足夠認真，卻缺乏繼續進取的心思，因此心生抱怨：自己比他人做得多，得到的報酬卻比他人少；自己的能力明明在別人之上，職位卻偏偏比對方低；費盡心力完成一個項目，卻沒有得到上司的讚揚……諸如此類的抱怨常常令人心生沮喪，終日不滿，從而占用自我提升的時間和空間。

有人把精進比喻成一頭很饑餓的牛吃草，牠嘴裡吃著草，眼睛還一邊看著四周，不停地尋找下一棵草在哪裡。有精進心的人堅定不退轉，不會滿足於眼下的成就，他們會不斷尋求新的可能。但精進並不是貪婪，貪婪會給人造成傷害和痛苦，而精進是為事情付出努力、辛苦、勞累，這個過程會讓自己受益，也不至於給別人帶來痛苦。

本煥長老常教育弟子努力精進，他說：「我們的智慧是修來的……多修多得，少修少得，不修就沒得。」但「精進」並不能等同於勤奮、努力。如透過正當手段獲取財富，尚可稱為「精進」；若是透過偷竊、搶掠等不正當手段獲得財富，就不能稱之為「精進」。可見，精進也需要有正確的方向和手段。

有一個小和尚，做什麼事情總是力求完美，無論是參禪還是清掃寺院。有一天晚上，禪師看見小和尚還在擦地板，忍不住問道：「其他人都去休息了，你怎麼還在這裡幹活呢？」

小和尚見是師父，於是扔下抹布，手中合十，恭恭敬敬地對禪師說：「師父，我覺得地板不夠乾淨，我要讓地板一塵不染。」

禪師用手拂過地板，不帶上一點塵灰，於是說：「已經很乾淨了。」

「不，師父！」小和尚說道，「我從早上就在擦地板，期間不知道從外面飄來了多少灰塵；師兄師弟們你來我往，又給這地板踏上了不少灰塵；就在剛剛說話的時候，不知道又有多少灰塵沾在這地板上，所以我還要繼續擦。」

禪師問道：「除了擦地板，你還做了什麼。」

小和尚說：「什麼都沒做，我一直在認真地擦地板，我想讓地板一塵不染。」

原本以為禪師會誇他認真與專注，誰知道禪師拿起手中的佛珠在小和尚頭上重重地敲了三下：「你為擦地板錯過了多少事情，即使將地板擦得明亮如鏡又有什麼意義呢？」

小和尚因為擦地板而浪費了修行的時間，又如何得到修行的「圓滿」？精進固然不錯，但弄錯了精進的方向，就只能走向錯誤的結果。努力精進實現自己的目標時，往往需要很多的力量。這種力量有時來自自己的智慧和認知，有時來自內心堅定的信念，有時則來自身邊人的幫助和推動。

學問不一定多，用功就好

一位哲人曾經說過：「世界上能登上金字塔頂的生物只有兩種：一種是鷹，一種是蝸牛。不管是天資奇佳的鷹，還是資質平庸的蝸牛，能登上塔尖，極目四望，俯視萬里，都離不開兩個字——勤奮。」

就人的發展與成長而言，天賦、環境、機遇、學識等外部因素固然重要，但更重要的是自身的勤奮與努力。沒有自身的勤奮，就算是天資奇佳的雄鷹也只能空振雙翅；有了勤奮的精神，就算是行動遲緩的蝸牛也能雄踞塔頂，觀千山暮雪，渺萬里層雲。

有一個小和尚天生愚笨，同時入寺的師兄弟們都已有一定的悟性，但他還是不能開化，負責教導的大和尚忍不住跑去住持那裡訴苦，要求趕走小和尚。住持只是淡淡地說了句：「他每日勤勤懇懇，誠心誦佛，並沒有什麼大過錯，給他一些時間吧！」

又一年過去了，小和尚依舊誠心念佛，卻仍然沒有開化，大和尚又跑到住持那裡訴苦：「住持啊，將他趕走吧，他實在沒有佛緣。」

住持說：「他每日依舊誠心誦佛，並沒有喪失希望，弟子尚且如此，做師父的為何不給他一個機會呢？再等等吧。」

大和尚說：「這樣愚笨的人，要等到什麼時候？」

住持笑了笑說：「不遠了。」

大和尚見趕不走小和尚，於是安排他去做砍柴挑水的粗活，小和尚在幹活之餘就坐在大堂殿外，靜心參佛。

年底，寺院召開佛光大會，向來木訥的小和尚居然語出驚人，將寺院的高手一一辯退，獨占大會鼇頭。

會後，大和尚對住持說：「這孩子居然深藏不露，平日裡哪裡看得出有這般機靈？」

住持笑道：「每天滿懷希望、誠心誦讀的人，開化只是時間問題。」

小和尚所作所為不過是淨心禮佛，他從未因為不能悟道而失去修行的希望，每天老老實實做事，誠誠懇懇禮佛，一日不忘用功，終於悟得禪機。此種修為看似普通，實則其精進之心十分強大。

人若有這種精進之心，那麼，再愚笨無知，也可以透過努力進取來彌補。「一個人要成功，不一定要有很多學問，關鍵是自己要自覺地去用功。」本煥長老曾經這樣開示眾人。

長老的師父虛雲老和尚門下有一個弟子，名喚具行，他本是為求生計而到雞足山祝聖寺做工，後來被虛雲收為弟子。他沒有什麼文化，但為人勤快，一天到晚盡做些苦事，別人不做的苦差事，他都去做。但他一心念佛，修行很用功。人家看不起他，他也不放在心上。他跟老和尚告假三年，外出參學，回來之後，他還是老樣子，別人不去做的苦事、重活兒，他都去做。

他一個人住在一個小茅草屋裡，一天有人看到他的房子隱約有火光出現，跑過去時，火已經熄滅。而具行和尚仍然保持著坐禪的姿勢，在房內穩坐如山。只不過已經圓寂。具行和尚圓寂時，年齡並不大，才三、四十歲。他走時，穿衣搭袍，拿著一把草，一把引磬，坐在一個草墊上，就這樣自己把自己燒掉了。燒完之後，他坐在那個地方，還像活人一樣，引磬還在手上拿著。

具行上人生前曾有一語：「吾半路出家，一字不識，但知一句阿彌陀佛耳。」修行到此般境界，已是極致。即使沒有很高的智慧，但有很強的精進心，那麼最後也會成為大成就者。多少大的修為，也不過是在一日一精進中得到累積，繼而得到成果。

生活中常見這樣的例子：有些人看起來傻乎乎的，也沒什麼學問，但是做事時卻非常努力，別人停下來不做了，他還在繼續做，最後這樣的人往往能夠有大的成就。沒有學問，用功就好，勤奮的人，每一步邁出去都會留下深深的腳印，一個挨著一個，通向成功的終點。在勤奮中打發時間，必將得到生活的獎賞。

工夫做到細處，小事做到極致

佛陀住世時，曾對波斯匿王親自宣講過「四小不可輕」的道理。佛陀告訴他，這個世界上有四種東西，看起來很小，卻不可以輕視。

第一種是小小的火苗，火苗很小，不成氣候，卻可以造成極大的災難；

第二種是幼年的龍，因為小小的龍總有一天會長大，長大之後就能翻雲覆雨；

第三種是年少的王子，王子變成國王時，有可能澤被萬民，也有可能禍害百姓，一舉一動的影響都十分巨大；

第四種是年紀小的沙彌，沙彌若能一心修行，未來定將成為教化眾生、救人脫離苦海的高僧。

對佛家而言，「小」不可忽視，許多不起眼的人、事、物都有著不可限量的能量。小砂石可以建高樓，小火星可以燎原，「小」中往往蘊含有無窮的力量。在我們周遭，有許多渺小而不起眼的人、事或物，但其未來可能發揮極大功能。譬如一粒種子雖小，卻能長成大樹庇蔭人群；一個小小的善念，可能解除別人的燃眉之急；一個小小的微笑，可以給人無限的溫暖和信心；隨手做出的小小善行，可以廣結善緣，也可能改變這個世界。

不辭小流，方能成就海洋。任何一小步都有可能成就前途的一大步。平日若不肯把工夫做細，一味等待做大事的機會，到頭來恐怕什麼也做不成。本煥大師勸導人們「平時要下真實工夫」，否則，胸中空無一物，什麼都不具備，即使菩薩親自來點化，也無法開悟。相反，再小的事情，若能以最認真、最細心、全心全意、盡心盡力的態度做好，用心做到極致，就能成就大事。

日本戰國時期有一位名將叫豐臣秀吉。有一次，他帶著部隊長途行軍，找到一所寺廟，將軍一進去，因為又累又渴，便大聲叫嚷，要人端茶出來，一位小和尚端上一大碗的冷茶，將軍喝完之後還覺得意猶未盡；第二次，小和尚端出了一碗溫茶，第三次，小和尚端上了小碗的熱茶。

將軍喝完之後，便問小和尚，為何三次呈上的茶水，容器大小及溫度皆不同。小和尚答道：「將軍長途跋涉，口渴之際，大碗的冷茶最能解渴。至於第二碗，就不再適宜喝冷茶，免得胃寒，所以我用中碗裝著溫茶奉上。待將軍喝完兩碗茶水之後，不會再急著牛飲，我才呈上小杯的熱茶，不至於燙傷將軍的唇舌，又可藉茶香恢復將軍旅途勞頓後的精神。」豐臣秀吉聽完之後，立刻要求小和尚加入他的軍隊。這個小和尚後來成為豐臣秀吉最心愛的大將之一。

有心的人總是能看到別人所看不到的地方，想到別人所想不到的地方。因為用心，他們往往會比常人多一份感悟，深一層體會，進而在生活、為人、處世、做事等各個方面都表現出常人沒有的認真態度，從而把事情做到盡善盡美。

舉凡在各行各業出類拔萃的頂尖人士，儘管他們的優點不一而足，他們的學識在不同領域開花結果，但他們自身都有一個共通也是最基本的特點：關注細節，把小事做到完美。因為看重小事，所以能夠投入強大的動力與能量；因為專注於細節，能心無旁鶩勇往直前；也更因為重視與專注，能達到專業與精通的境界。

有做小事的精神，才能產生做大事的氣魄。把工夫做到細處，並不容易，它需要我們不斷地實踐。生活中若能說好每一句話，做好每一件事，便能走出一條屬於自己的大道：首先，說話不任意妄言，修心修身先修口，古人云：「一言以興邦，一言以喪邦」，可見一言一語的重要性，所以要管住自己的口舌；其次，做事不能懶惰懈怠，也不能眉毛鬍子一把抓，要精進勤勉，從眼前開始做起，一件一件，有序完成；再次，做小事應有耐心，做大事則要有一往無前的魄力和不輕易動搖的堅毅。

以做大事的魄力和堅毅為前提，做好小事，便能一心一意朝著一個方向前行，抵達最終的目標。合抱之木，生於毫末；千里之行，始於足下。欲行千里，想成大樹，就從腳下開始，從毫末做起；想要實現凌雲壯志，必須腳踏實地，專注於細節。

行到水窮處，坐看雲起時

逆境來時順境因，人情疏處道情親；
夢中何必爭人我，放下身心見乾坤。

——古德

失敗者與成功者的區別往往是有沒有堅持到最後的信念和希望。人生最大的悲哀，是自己對前途沒有希望；最大的成就，是從失敗中站起來。一個人只要信心、毅力、勇氣三者具備，並能將這三者在行動中加以貫徹，則天下沒有他做不成之事。

欲成事，先得吃苦當吃補

虛雲老和尚初到雲南雞足山時，未看到一個僧人，因為他們都穿著俗服，所以認不出誰是僧人。他們全不講修持，不講殿堂，連香都不燒，只顧享受寺產。虛雲看到此情形，就發心重整雞足山。

他開禪堂坐香、打七，無人進門；講經也無人來聽；後來改作傳戒，第一次來了八百多人，此時當地的僧人才知有戒律這回事。後來，虛雲老和尚慢慢地勸說，他們也就漸漸和他來往，漸漸知道要結緣，要穿大領衣服，要搭袈裟，要上殿念經，不吃煙酒葷腥……僧人們的行為逐漸發生改變。虛雲老和尚就這樣藉傳戒把雲南佛法衰敗的現象扭轉過來。

從這種百事俱廢的情形之中，可以想見當時虛雲大師所處的境況有多麼惡劣，且不說住無房屋、食無宿糧，當地長久以來形成的陳規陋習，均成為其興教的障礙。但其慈悲心懷終於感化一方，他所付出的艱苦卓絕的努力亦有了回報，雲南的僧伽隊伍終漸趨於正道，雞足山的佛教亦因此而重振。

萬事開頭難，做成事之前，必先要吃苦耐勞。釋迦牟尼出家以後，也先苦修，終能成佛。本煥長老舉釋迦牟尼苦修的例子告訴人們：「我們成佛的事情，同社會上人才成功的道理是一樣的，沒有堅忍的精神是不可能的。你要成為一個高級人才，要想做成一件好的事情、做成一件大的事情，一定要吃苦耐勞，堅忍不拔，這樣才能成功。」

常言道「吃得苦中苦，方為人上人」，在佛家看來，苦對於人生來說並非壞事，因為人不經過苦讀、苦修、苦練、苦習，就不能成功。

佛學大師星雲大師早年為了弘法也曾有過一段潦倒歲月，走投無路之際他想到去投靠他的同學。

當他在風雨中走了十幾個小時到達山門時，已經是又饑又累。寺裡的同學聽到星雲大師的情況後本想接濟，不料該寺的老法師卻以自身難保為由請他另想辦法。星雲大師的同學用自己的錢買了米煮了粥，為饑餓的星雲大師提供了救濟。一頓飯後，星雲大師再一次風雨兼程。

這段經歷讓星雲大師對生活有了深刻的感悟。因此日後他所建立的佛光山便有了不成文的規定，即每一餐都多設了兩桌流水席方便來者用齋。

說到佛光山，星雲大師在建立佛光山時遇到了難以想像的困難。

佛光山地處深溝縱橫、土質鬆軟之處，除了搬運土石、填平溝壑是件難事外，一旦遇雨，鬆軟的土地很容易被雨水衝垮，費盡艱辛建起的工程就毀於一旦。而且當地的氣候多颱風危害，佛光山曾遭風災，成水鄉澤國，屋倒牆圮。天災不是星雲大師建佛光山最棘手的困難，當地一些人為了阻撓工程想方設法地阻斷交通才是星雲大師倍感困難之處。

但這一切都沒有令星雲大師停下腳步改變初衷。他抱著向「困難挑戰」的精神，天災來了自力救濟，村民斷路就想辦法籌錢另闢新路。

在風風雨雨中，星雲大師體味了辛酸，也體味了信心、成就與歡喜。挫折何嘗不是一壇陳釀的酒、一杯極品的茶？遭遇過挫折，並且認真品味挫折的人，皆能體會其中的芳香。今日的苦，便是明日的甘美。世上絕少有不必吃苦就能成功的神蹟。吃苦的精神與忍耐的力量雖然不是成功的唯一途徑，卻是可靠的成功籌碼。能夠在艱苦的環境中感受到喜悅，能夠把吃苦當作吃補，那麼，離最終的成功便不會太遠。

現實中最常聽到的祝福便是：「萬事如意。」可見人們對於如意的嚮往。然而，世間不如意者十有八九。在一些人期待如意生活的時候，有些人卻期待挫折。因為失敗和不完滿能夠使人知曉自己的欠缺和不足，從而更加努力用功，改掉錯誤，實現自我的完善。

下一番苦心，才能滅苦滅惑

苦是佛教的一個基本觀念，在佛眼裡，苦無處不在。而苦的來源有五種：物質上的要求不能滿足而產生的苦；人與人的關係不協調而產生的苦；身體的病痛、衰老，以及心理上的煩惱、憂愁所產生的苦；因妄想、計較、執著而產生的錯誤認識所導致的苦；自然界的災難所造成的苦。

總而言之，苦是因「我」而起，因為「我」的內心有計較、比較，有欲望、妄想，執著於身體、生命等無法長久的存在，所以才有了苦。因而，要離苦得樂，也只能從「我」入手。

本煥長老說：「我們要想用好一個功，一定要下一番苦心，沒有一番苦心，怎麼滅苦、滅惑呢？」長老所說的「苦心」，是指能夠吃苦的決心，「滅苦」則是滅除人生各種痛苦，達到了脫生死的境地。這種說法雖是針對佛家修行而言，但也給世人提示了減少痛苦的方法：要滅苦，先要有不怕苦的信念，在苦難中磨練自己。

對於修行佛道的人來說，領悟佛理不是件容易的事情；對於在塵世苦海裡沉浮的人來說，活著同樣是件不易的事情。然而，若是肯做個有心人，學習、修行和生活，無論哪一樣，都不會變成難處。所謂「世上無難事，只怕有心人」，便是如此。

從前，在巴蜀有兩個和尚，一個很有錢，每天過著舒服的日子；另一個很窮，每天念完經後，就得到外面去化緣，日子過得非常清苦。有一天，窮和尚對有錢的和尚說：「我很想到印度去拜佛，求取佛經，你看如何？」

有錢的和尚說：「路途那麼遙遠，你要怎麼去？」

窮和尚說：「有一個缽、一個水瓶、兩條腿就夠了。」

有錢的和尚聽了哈哈大笑，說：「我想去印度也想了好幾年，一直沒成行的原因是旅費不夠。我的條件比你好，我都去不成了，你又怎麼去得成？」

過了一年，窮和尚從印度回來，還帶了一本印度的佛經送給有錢的和尚。有錢和尚看他果真達成願望，慚愧得面紅耳赤，一句話也說不出來。

若能下定決心，有恆心、有毅力，那麼天底下再難的事也會變得容易。窮和尚雖然沒有錢，坐不起車船，但是因為他有堅強的毅力，虔誠向佛，他跋涉遙遠的路途，一路以化緣為生，終於達成了願望。

「有心」是一切成功之因。多少滿懷宏願的人信心百倍，志氣昂揚地踏上生命征途，卻在遇到挫折之後迅速偃旗息鼓。影響他們做出選擇的因素其實並不在於外界的挫折，而在於他們的內心缺乏實現願景的勇氣，因為恐懼而害怕選擇自己認為不可能實現的理想，也就錯過了成功的機會。而有些人則懷著對成功的希望，嘗試走別人不敢走的路。

在一片茫茫的沙漠中有一個小村子，村中的人們守著一片綠洲過了幾千年。偶爾沙漠中風沙四起，或者綠洲乾涸的時候，村裡的人便會遭受巨大的折磨。一代又一代的人總是抱怨上天不公平，卻從未嘗試從這裡走出去，他們一直留在原地，並且固執地相信這片沙漠是走不出去的。

有一天，村子裡來了一位雲遊四方的老禪師，人們圍住他勸他不要再繼續往前走，他們說：「這片沙漠是走不出去的，我們祖祖輩輩都在這裡，你就不要去冒險了！」

老禪師問：「你們在這裡生活得幸福嗎？」

村民們說：「雖然環境有些險惡，但是也沒有什麼不可忍受的。沒有幸福，也沒有不幸福。」

老禪師說：「那麼你們有沒有嘗試過走出這片沙漠呢？你們看，我不是走進來了嗎？那就一定能走出去！」

村民們反問：「為什麼要走出去呢？」

老禪師搖搖頭，拄著拐杖又上路了。他白天休息，晚上看著北斗星趕路。三天三夜之後，他走出了這片村民們幾千年也沒有走出的沙漠。

村民們接受了惡劣的環境，從未做任何突破困境的嘗試，只是默默地承受著環境帶來的折磨，甚至沒有動過改變這種現實的念頭，幾千年來日復一日地過著相同的日子，這實在可悲。

那些有所成就的人，如果當初在一個個「不可能」的面前，因恐懼失敗而退卻，放棄自己的夢想，放棄嘗試的機會，那麼他們也將歸於平凡。而從不放棄任何希望，努力做出嘗試的人就會迅速做出決斷，即使失敗，也由於對實際痛苦的親身經歷而獲得寶貴的體驗，從而愈發堅強，愈發有力。

不討厭壞境界，不貪求好現象

在本煥長老圓寂的第二天，淨慧長老在追憶與本煥師兄相交相知的日子時說：「儘管我們都曾經歷曲折的人生、坎坷的道路，但他一直引導我不要耿耿於懷，始終心懷坦蕩，把這些當作一種人生經歷來對待。」淨慧長老認為，師兄的積極心態值得世人學習。

生活就像天氣一樣變幻莫測，有晴有雨，有風有霧，無論誰都不可能一帆風順。況且，一帆風順的生活，就像是沒有顏色的畫面，蒼白而枯燥。

等人老了的時候，回過頭看看自己走過的路，開心的、傷心的，都成了過眼雲煙。一路走過來，難免會有許多辛酸的淚水，也會有很多難忘的快樂。當一切成為過去，曾經的快樂和痛苦就成了一種回憶。

按照這種思路想來，悲與喜，終將成為過去。那麼，對於眼前的不幸，就大可不必過於計較。世間萬事，來不可阻擋，去也不必挽留。生生死死，哭哭笑笑，一切的幸與不幸，都只是一個過程。

佛印禪師曾經救了一位投水自殺的少婦。佛印問她：「你年紀輕輕，為什麼尋短見呢？」

「我剛結婚三年，丈夫就拋棄了我，孩子也死了，你說我活著還有什麼意思？」

佛印又問：「三年前你是怎麼過的？」

少婦的眼睛一亮：「那時我無憂無慮、自由自在。」

「那時你有丈夫和孩子嗎？」

「當然沒有。」

「那你不過是被命運送回到了三年前。現在你又可以無憂無慮、自由自在了。」

少婦揉了揉眼睛，恍如一場夢。她想了想，向佛印道過謝便走了。以後，這位少婦再也沒有尋過短見。

三年前少婦是快樂的；三年中有丈夫和孩子的相伴，她也是幸福的；而三年後一旦失去，卻陷入了痛苦的泥潭，不能自拔。三年前的快活猶在心中，卻難以抵消三年後的苦惱。

人人都在苦苦尋求離苦得樂的方法，那麼，怎樣才能自在安然？也許可以從這句話找到答案：「不要討厭壞境界，也不要貪求好現象。」該來的就來，該去的就去，無須等待、無須期盼，也無須逃避、無須畏懼。逆境中勇於承擔，不自暴自棄；順境中謙卑恭謹，不得意忘形，便已足夠。因為一切挫折、一切委屈、一切不幸，甚至災難，都是因緣成就。

本煥長老當年在牢獄之中時，仍沿襲過去的習慣，四點鐘就起床打坐念經。當時，與他同住的人也是一位法師，那位法師每天看著本煥按時從床上爬起來誦經，不由得嘆息：「本煥，你我如此境地，你竟然還有心思念佛。」誰知本煥微微一笑：「我們淪落至此，總是因為前世今生業障太多，該遭此劫。」

長老笑對困境的安然姿態，令人心折。千里長江幾多曲？人生不可能沒有曲折，不可能沒有挫折，不可能沒有意外的打擊，早點遇到這些，可能是福氣。不妨把坎坷當作人生的歷練，因為它可以幫助我們累積勇氣，總結自己，都日後贏得成功。

緣起緣滅，得失好壞，都是生命的常態，所以，無論順逆，以心靈的常態對待生命。

有個僧人要求下山雲遊，元安禪師考問他：「四面都是山，你要往何處去？」

他參悟不出其中禪機，便愁眉苦臉地轉身而去。路過菜園時，他恰巧遇到善靜和尚正在園中勞作。

善靜和尚問他：「師兄，你為何悶悶不樂？」

僧人便將發生的事情一五一十地告訴了他。

善靜和尚微笑著說：「竹密豈妨流水過，山高怎阻野雲飛。」

不管人生遭遇了怎樣的困境，即使群山環繞，若有決心，依然能夠將座座高山踏在腳下。

命運總是喜歡和人開玩笑，人又何必太認真？反正都是赤條條地來，赤條條地去，就把一切不幸都看成一種難得的體驗好了。即使明天就是世界末日，我們也要為能在有生之年體驗末日而感到幸運。

快樂的時光過去了，不要流連；痛苦的歲月過去了，也不應日日深陷其中。不計較人生的重重困境，因為每一分鐘、每個人都能抖落滿身重負，放開過往的一切，重新開始一段精彩。

逆境當前，一切陷阱都是路徑

聖嚴法師說過：「只要還有一口呼吸在，就有無限的希望，就是最大的財富。」人或許會遭遇失敗和挫折，但因此不能絕望，不能放棄希望，因為希望是引出生命潛能的導火索。一個人只要活著，就有希望，只要抱有希望，生命便不會枯竭。

面對失敗，就好像在沙漠中遠行，最可怕的不是眼前的一片荒涼，而是心中沒有一壺清涼的希望。

在一片茫茫無垠的沙漠中，塵緣法師帶領著幾位弟子正在負重跋涉。陽光強烈，乾燥的風沙漫天飛舞，而口渴如焚的塵緣法師和弟子們早已經沒有了水。

水是塵緣法師一行人穿越沙漠的信心和源泉，甚至是苦苦搜尋的求生目標。

這時候，塵緣法師從腰間拿出一隻水壺，說：「這裡還有一壺水，但穿越沙漠前，誰也不能喝。」

那只水壺從隨行的和尚們手裡依次傳遞開來，沉甸甸的，一種充滿生機的幸福和喜悅在每個弟子近乎絕望的臉上彌漫開來。

終於，一行人一步步掙脫了死亡線，頑強地穿越了茫茫沙漠。他們在喜極而泣的時候，突然想到了那壺給了他們精神和信念支撐的水。

塵緣法師擰開壺蓋，流出的卻是沙子。

塵緣法師對眾弟子們說：「在沙漠裡，乾枯的沙子有時候可以是清洌的水，只要你的心裡駐紮著擁有清泉的信念。」

無論生命處於何種境地，心中若能始終藏著一片清涼，生命自會有一個詩意的棲息地。有些人一遇挫折就灰心喪氣、意志消沉，甚至用死來躲避厄運的打擊。這是弱者的表現。不因外境而改變自己本心的人，才是成就大事的強者。本煥長老曾說：「無論順逆，在任何時候，都要增進信仰，如山而不動搖。」

如山一般屹立在艱難困苦面前，不退縮、不逃避、不失落、不放棄，這是一種何等堅定的姿態。本煥長老如此說，也是如此做的。他在年過半百時曾經歷數十年的牢獄之災。當時，前途漫漫，生死難料，許多與他有相同境遇的人多頹喪絕望，本煥長老卻毫不動搖，潛心於佛法修行，以至於後來他刑滿之時，仍不肯出山，表示要終生捨身於佛。

生活中遭遇逆境在所難免，若能在任何時候都不動搖信心，再困難的境況也堅持下去，那麼，總會等到雨過天晴的那一天。

行為是由心態決定的，即使困難一個接一個而來，我們也要擁有對目標的執著，不畏懼困難，不迷茫，明確自己所追求的目標，不急躁，一次只解決一個問題，最終脫離困境。

將所有問題放在一塊兒，眉毛鬍子一把抓，可能什麼也解決不了。如果將問題分清輕重緩急，每次只抓一個問題，深入思考，專注尋找解決之道，等到有所成效了之後，再把注意力放到下一個問題上，就能切實地突破困境。

障礙可以捶打出堅定思想，陷阱可以磨礪出卓越人才。與其說人生中的障礙和陷阱是人的勁敵，毋寧說它是人的忠實侍從，它伴隨人們走向成熟，走向堅強。一切障礙皆線索，一切陷阱皆路徑，而一個人是否成熟、是否堅強，關鍵就看他能否在磨難和痛苦的簇擁下，依然保持獨立和自由。

生活中沒有任何困難或逆境可以成為畏縮不前的理由，陷入困境、一蹶不振時，一定要拿出勇氣，堅持信念，努力走過自己人生的灰色地帶。

難行能行，難忍能忍

佛祖明知修行苦，也要修行；玄奘明知取經難，仍不遠千里到印度取經；命運難以掌控，仍要去掌控。修佛如同生活，世路難行仍要行。

難行要行，難忍要忍。從某種程度上說，忍耐是成就一項事業的必需，人要想獲得某方面的成就，就要學會忍耐。本煥長老言：「不苦修行，磨練自己，難忍能忍，怎能入道？」

長老話中的「忍」意味著智慧、力量、認識、擔當、負責、化解；意味著能忍世間的嗔罵毀辱；能安忍一切寒熱、風雨、饑渴、生老病死；對於世間生老病死、憂悲苦惱、功名利祿、人情冷暖等，不但不為所動，而且能真正地認知、處理、化解和消除。

我們平時所說的忍，通常即是忍耐。沒有能力改變現狀，就要忍耐、適應，等一切都過去了，剩下的就是美好。

若已經豎立起遠大的理想，就要堅持不懈、不畏艱難地堅持下去。辱罵也罷，羞辱也罷，權當作喝彩加油的精神食糧，拿來當飯吞下。無論從表面看起來行為多麼不合常理，無論眾人的眼光多麼怪異，無論別人的評價多麼低俗，都要昂頭挺胸，勇敢地走下去。這便是「難行能行，難忍能忍」。

月船禪師就是這樣一位「為了理想把侮辱當飯吃」的人。

月船禪師不僅是一位有名的禪師，而且是一位繪畫高手。他的畫氣勢磅礴，卻貴得出奇，並且他還有一個習慣，就是要先收錢再作畫。

有一天，一位女子請月船禪師作畫，月船禪師問：「你能付多少酬勞？」女子回答：「你要多少就付多少，但要在我家當眾作畫。」

月船禪師答應跟著前去，原來那女子家中正在宴請賓客。月船禪師當眾作畫之後，拿了酬勞正想離開。那女子卻對客人說道：「這位畫家只知道要錢，畫得雖好，其中卻透著金錢的汙穢。這種畫是不值得掛在客廳裡的，它只能用來裝飾我的一條裙子。」說著便將自己的一條裙子脫下，當眾要月船禪師在上面作畫。

月船禪師不動聲色地問道：「妳出多少錢？」女子答道：「隨便你要。」月船禪師又要了一個高價，然後平心靜氣地在那女子裙子上作起畫來，作完之後便若無其事地離開了。

別人聽說此事後非常納悶，月船禪師衣食無憂，為什麼如此看重金錢？只要給錢，好像受任何侮辱都無所謂，真是不可思議。原來，月船禪師禪居之地常發生災荒，而富人不肯出錢賑災，因此他準備建造一座糧倉，以備不時之需。

同時，月船禪師也想完成師父的遺願——建造一座寺院。他不願一味等待他人的佈施，只好以作畫籌集資金。此願望完成之後，他便退隱山林，不再作畫。

月船禪師知道自己是為什麼而作畫，知道自己的行為對別人的意義，所以即使那位請他作畫的女子當眾侮辱他，他也不為所動，只是堅持著自己的初衷。

忍辱是一種「勝固欣然敗亦喜」的平常心，是一種走自己的路，不在乎他人非議的勇氣。能忍辱的人往往愈挫愈勇、百折不撓。

生活中，人們雖很少遇大「辱」，但小「辱」時有發生，在這種情形下，忍耐和堅持是痛苦的，但它會給人帶來幸福。這種幸福就是獲得成就的充實感和滿足感。

越是難走的路，越要排除萬難，迎頭而上；越是難忍之事、難忍之人，越要耐心、用心忍耐。但忍耐並不是逆來順受，屈服於命運。善於忍耐，往往有助於事態向好的方面發展。

遇誘惑不動搖，遇磨難不止步

許多時候，人們之所以無法擺脫煩惱和迷惘，是因為內心彷徨不定，弄不清楚自己下一步的前進方向，面對眼前眾多的選擇左右為難，不知該如何抉擇。在這種情況下，首先應確認自己要什麼，為自己豎立目標，確定前行的方向。但在豎立目標時，需要以正確的認識為根基。本煥長老開示人們：「行不是盲目的，得有一個目標，有個路線，要依正知正見來行。」

所謂「正知正見」，即指遠離一切迷妄顛倒的知識和見解。「一個人用功，要有所選擇，不能隨隨便便、馬馬虎虎的。今天這樣行，明天那樣行，邪知邪見很重，像這樣子用功，是沒有什麼結果的。」

人需要目標，但是目標不能胡亂選擇。倘若選擇了一個不切實際或不適合自己的目標，就會百害而無一利。需要從現實情況出發，確立正確的、對自己行動有說明的目標，才能因此受益。

弟子們和禪師一起在田裡插秧，可是弟子們插的秧總是歪歪扭扭，禪師卻插得整整齊齊，猶如用尺子量過一樣。

弟子們疑惑地問禪師：「師父，你是怎麼把禾苗插得那麼直的？」

禪師笑著說：「其實很簡單！你們插秧的時候，眼睛要盯著一個東西，這樣就能插直了！」

弟子們於是捲起褲管，插完一排秧苗，可是這次插的秧苗，竟成了一道彎曲的弧形。

禪師問弟子：「你們是否盯住了一樣東西？」

「是呀，我們盯住了那邊吃草的水牛，那可是一個大目標啊！」弟子們答道。

禪師笑道：「水牛邊吃草邊走，而你們插秧時也跟著水牛移動，怎麼能插直呢？」

弟子們恍然大悟，這次，他們選定了遠處的一棵大樹，果然秧都插得很直。

不要只看著腳下，也不要選擇容易變化的、不確定的目標，而應該給自己確立一個固定的目標，如此才能直線前進，少走彎路。

人要給自己豎立正確的識見和目標，並遵循這些目標行動，再踏踏實實身體力行，在自己確立的道路上堅定前行，不輕易猶豫動搖。

有一個生意人非常善於經營，因而名利雙收。可惜好景不長，家庭遭逢變故，生意險些破產。生意人非常抑鬱，於是找到佛陀，向佛陀抱怨苦難，請求佛陀讓自己出家。佛陀便圓了他的願望，為他剃度，帶他修行。

一段時間過後，生意人覺得修行實在沒什麼意思，終日晨昏定省，只是聽經、思考、外出化緣，除了枯燥就是苦悶，於是他對佛陀說：「我還是想還俗。」

「為何要還俗？」佛陀問他。

他說：「我看透了，所以想還俗。」

佛陀於是也遂了他的心願。

不久，生意人再次發達，過上了幸福的日子。可是，隨著生意人年齡的增長，他的熱情漸漸消失，生意越做越差，不禁回想起以前修行時無憂無慮、安定自在的日子，只好厚著臉皮再次找佛陀，請求後者收留自己。

佛陀同樣答應了他的請求。生意人這才醒悟：自己之所以過得渾渾噩噩，無法從生活的泥沼裡拔出來，就是因為心不定。

在一百個人當中，往往只有一兩個人清楚自己一生要的是什麼，他們懂得確定自己的下一步，隨時把握前行的方向，所以能在人生的旅途中有所收穫，有所建樹。

本煥長老自從22歲發心立志出家以來，歷經八十多年風雨歲月，佛心始終不改，一直行走在塵世之間，行走於慈悲度人的菩提之路上。百年的時光將長老沉澱為一個傳奇，其以百歲高齡，求法之心卻一如最初，長老仍如小和尚般苦心修法，時時不忘牽繫家國，救助眾生。

一行禪師曾說：「生命不是一個位址，不是一處我們要到的地方，不是一個目的地，生命是一條路。」生命這條路有時好比高僧的苦修之道，一旦設立了堅定不移的目標，內心有了明晰的方向，就能遇誘惑不動搖，遇磨難不止步，任風雨摧折而矢志不渝。

擔得起生活，看得破生死

來時無跡去無蹤，去與來時事一同；
何須更問浮生事，只此浮生是夢中。
——唐·烏窠

擔不起生活時，即被生活狠狠地壓在腳底；看不破世事，即被煩惱困在疲憊中；放不下欲望時，即被失望、急切逼入死角。如此三者皆是浪費生命的光陰，不如內心強大起來，面對慘澹；心胸寬大起來，笑看得失、生死；放下奢望，珍惜觸手可及的幸福。

有惜心，得福報

有人問本煥長老：「結眾生緣做什麼？」

本煥長老答：「培福。」

那人又問：「怎樣培福？」

本煥長老只給了兩個字：「惜心。」

秉持一顆惜心，他勤儉節約，生活非常簡樸，每餐都會用勺子將碗底刮幾遍，生怕漏掉一粒糧食。在他眼裡，浪費一粒糧食都是有罪的。他總說：「珍惜別人的勞動成果，才能得到福報。」

千百年來，佛學、禪宗大德都是非常注重在生活中身體力行，他們時時處處都十分注重自身對福氣的珍惜，衣食住行上節儉，甚至達到了粗劣的境地；衣服縫縫補補，穿了三年再三年，時時還不忘佈施。即便是一滴水，也珍惜異常，唯恐有剩餘，造成浪費。

一米一飯、一茶一粥、一湯一水，都來之不易。在我們吃每頓飯的時候，都應該想到每一粒米、每一頓飯都是大自然陽光雨露的饋贈，都是別人勞動的成果。因此，我們沒有任何理由不去珍惜。世間萬物的存在都有其存在的理由，也都是值得去珍惜的，哪怕只是一片小小的菜葉，也是值得我們去好好珍惜的。

雪峰、岩頭、欽山三位禪師沿河流徒步，邊走邊商量到哪兒去化緣、講法，突然看到河中有一片碧綠新鮮的菜葉，緩緩從上游漂來。三個人議論開了。

欽山：「你們看！河中有菜葉漂流，可見上游有人居住，我們向上游走，就會有人家了。」

岩頭：「這麼好的一片菜葉，竟讓它流走，實在可惜！」

雪峰：「如此不惜福的村民，不值得教化，我們還是到別的村莊去吧！」

三人談得正熱鬧，一個人匆匆從上游跑來，問：「師父！你們看到水中的一片菜葉了嗎？我剛剛洗菜時，不小心把它洗掉了，我一定要找到它，不然實在太可惜了。」

雪峰等三人聽後，哈哈大笑，不約而同地說：「我們就到他家去講法吧！」

一片菜葉不值多少錢，但我們若對萬事萬物都以金錢的多少來衡量，那麼，我們便永遠都不會懂得珍惜。在佛的眼裡，今天的一切都是來之不易的，都是經過無數的因緣際會才有的結果，哪怕只是一片小小的菜葉，也是自然界靈氣的一種凝結，我們應該加倍珍惜。只有一個真正懂得珍惜的人才會獲得真正的幸福。

人世間，唯有惜福的人才有福。一花一木，一飯一菜，一點一滴，都要珍惜，這種珍惜不是因為物質上的價值，而是因為心靈上的價值。

在西方淨土，烏達雅納王妃夏馬伐蒂向阿難陀供養五百件衣服，阿難陀欣然接受了。烏達雅納王聽說後，懷疑阿難陀可能是出於貪心接受了衣服，於是他決定去一探虛實，他見到阿難陀，便說：「尊敬的阿難陀，你為什麼一下子接受五百件衣服呢？」

阿難陀回答說：「大王，有許多比丘都穿著破衣服，我準備把這些衣服分給他們。」

「那麼，破舊的衣服做什麼用呢？」

「破舊的衣服做床單用。」

「舊床單呢？」

「做枕頭套。」

「舊枕頭套呢？」

「做床墊。」

「舊床墊呢？」

「做擦腳布。」

「舊擦腳布呢？」

「做抹布。」

「舊抹布呢？」

「把舊襪布撕碎了混在泥土中，蓋房子時抹在牆上。」

阿難陀對一塊布尚且如此珍惜，可見他對其他的事物及他人更是倍加地珍惜。從物質、金錢的角度評判，舊的衣服、床單、枕套，等等東西，不值幾個錢，丟了也罷。可是從心靈的角度看，扔棄還有可用之處、再利用空間的東西，即是一種殘忍，一種不惜。

「惜」從「心」，這顆心不僅是珍惜心，同時也是知足心，感恩心。欲壑難填，惜福讓我們懂得勤儉節約，更加珍惜自己當下擁有的，少一些攀比，就不會放縱自己的欲望，就能學會知足常樂，讓心靈保持一種從容而優裕的境界。

用感恩的心去感受富足，包容一切、感激一切，不忘艱苦奮鬥、勤儉節約。幸福既來之不易，又是十分短暫的。明白了這個道理，人就會格外珍惜自己擁有的一切：珍惜食用，懷一顆珍惜心，不浪費，不過早地將還能用的東西丟擲一旁；珍惜幸福，懷著一份知足心慶幸此生和他（她）相遇，然後用心和他（她）一起經營一段感情，不異心，不拋棄；珍惜職位，懷感恩心不辜負上司的一念信任，在自己的崗位上出色表現……有福分固然重要，但不知愛惜，最後是竹籃打水一場空，因此要時時牢記以惜心守護福緣，求小小福報。

做好眼前事，佛就在心頭

佛在哪裡？有一個有名的詩偈可以作為回答：「佛在心中莫浪求，靈山只在汝心頭。人人有個靈山塔，只向靈山塔下修。」「浪求」就是亂求。佛、道都在每一個人的心中，個個心中有佛，照後世禪宗所講：「心即是佛，佛即是心。」

當下很多人都認為佛教是迷信，本煥長老卻說：「這話是錯誤的。」隨即他引用一位居士的話來反駁這一觀點：「佛教不是迷信，佛教是智信，智慧的智。」

痛之所在，必有離苦之道，人有貪求不盡的心魔，這個世界也有無處不在的佛。用心去感受佛法，佛就在心中。

有個人為法明禪師做了四十年侍者，法明禪師看他一直任勞任怨，忠心耿耿，所以想要對他有所報答，幫助他早日開悟。

有一天，法明禪師像往常一樣喊道：「侍者！」

侍者聽到法明禪師叫他，以為禪師有什麼事要他幫助，於是立刻回答道：「禪師，要我做什麼事？」

禪師聽到他這樣的回答感到很失望，說道：「沒什麼事要你做的！」

過了一會兒，禪師又喊道：「侍者！」

侍者又是和第一次一樣的回答。

這樣反覆幾次以後，禪師喊道：「佛祖！佛祖！」

侍者聽到禪師這樣喊，感到非常不解，於是問道：「禪師，您在叫誰呀？」

禪師看他愚笨，萬般無奈地開示他道：「我叫的就是你呀！」

侍者仍然不明白地說道：「我不是佛祖，而是您的侍者呀！」

禪師看他如此不可教化，便說道：「不是我不想點化你，實在是你太辜負我了呀！」

侍者回答道：「不管到什麼時候，我永遠都不會辜負您，我永遠是您最忠實的侍者，任何時候都不會改變！」

禪師道：「事實上你已經辜負我了，我的良苦用心你完全不明白。你為什麼只承認自己是侍者，而不承認自己是佛祖呢？其實，佛祖與眾生並沒有區別，眾生之所以為眾生，就是因為眾生不承認自己是佛祖。實在是太遺憾了！」

禪師可謂用心良苦，然而侍者愚鈍，枉費了他一番苦心。侍者的悲哀在於他始終不相信自己也可能是佛祖，所以一生碌碌。

在智者眼中，佛本來就是凡人修的，每個人都是佛在塵世撒下的一粒種子。

有一位讀書人到處拜佛求仙，訪到一座山上，在崖上題了一首詩：「三十三天天重天，白雲裡面有神仙。神仙本是凡人做，只怕凡人心不堅。」

佛法其實只在心中，很多人祈求看書看成佛，實為緣木求魚。佛就是自我，自我就是佛。成佛和做人一樣，它需要智慧、積極的行動，以及膽量和魄力。

慧忠禪師在深山裡苦修四十年，與世人隔絕，沒有任何煩惱與欲念，終於見到了清明的境界。

一天，有個僧人問他：「怎樣可以成佛？」

慧忠微笑說：「放下，忘掉。」

「怎樣才能物我兩忘？」

「超越一切，無欲無求。」

「佛是什麼？」

慧忠揚眉大笑：「佛就是你的一舉一動、一言一行、一想一念，你就是佛。」心中有佛，那麼自身就是佛。但心中是否有佛，卻需透過言行來判斷。本煥長老在教育弟子時，即秉持這種理念，嚴格要求他們的、一言一行。

每天凌晨，長老起床時，印順法師也要起床，但印順法師每晚都要整理總結長老一天的生活，通常要到晚上十二點才睡，所以凌晨很難醒來。這時長老便會拿一根棍杖去他房間，「啪啪啪」地打完就走。白天印順法師坐在長老身邊誦經，稍稍犯睏，長老連看都不看，便拿起棍杖打到印順臉上。

印順剛出家的那幾年，除了每天處理日常事務，還要完成長老佈置的功課：每天早上三百拜，晚上三百拜，一天十遍《普賢行願品》，一千遍《大悲咒》，每個月背一部經書。

有一次，長老拿一本十萬七千字的經書《法華經》讓他背，印順說這本書太厚，背不了。長老就問他：「你是不是答應我每個月背一部經書啊？」印順說：「是的，答應了，但是這部經字太多了，太長了。」長老說：「你把僧衣脫了，回家算了，不要穿這個衣服來騙人騙己！」

本煥長老的「嚴厲」令印順法師記憶尤深，難以忘懷。這種「嚴厲」是為了讓印順領悟：每一個人都擁有佛性，只看能否給自己一個肯定。人是可以變化的，一切就看自己怎麼看待。如果認定自己只是這樣，也許一輩子只是停留彷徨。倘若能從言行舉止開始改變自己，做好眼前的事，那麼佛就在心頭。

善於忙碌，工作也是修行場

陳獨秀寫過一篇名為《人生的真義》的文章，其中有一段話這樣寫道：「執行意志，滿足欲望（自食色以至道德的名譽），是個人生存的根本理由；個人生存的時候當努力造成幸福，享受幸福，並且留在社會上讓後來的個人也能享受，遞相授受以至無窮。」

古人講：「飲食男女，人之大欲存焉。」之所以說其為大欲，是因為一個人無論身處何種地位、哪個國度，離開這四者人生即不完整。由此可知，在這些基本的人生需求上尋找滿足和幸福，也無可厚非，但本煥長老認為人生的善不在有所享受上，而在有所忙碌中。

一個即將去世的父親，把兒女們召集到床前，告訴他們自己在葡萄架下埋了黃金，留給孩子們做遺產。聽了父親的生前囑託，他的兒女們便經常在葡萄架下挖掘，希望可以找到黃金。

葡萄架下真的埋有黃金嗎？沒有。但兒女們常去翻鬆泥土，令葡萄架下的土壤變得異常肥美，更加利於葡萄樹的生長，結出了更多甜美的葡萄，而這些葡萄為兒女們帶來了更多的錢財。

其實慈父口中的「黃金」是兒女們勤勞致富的行動。由此佛陀常常開示眾生，說：工作是生活的大部分，忙碌亦是自我修行。觀世音菩薩忙著尋聲救苦，地藏王菩薩忙著地獄度生，他們因為忙於做自己的事業，而贏得弟子們的頂禮讚嘆。因此佛說，忙是善舉，忙是功德。

大自然中滾石不生苔，流水不腐。人生中忙能發揮生命的力量，使我們身心靈活起來。由此看來，如果一個人能藉著忙將自己動員起來，才能一鼓作氣，做些事情出來，忙就是一帖人生康樂的最佳營養劑。

有人說，生活中有兩類人：一類是躺著過日子，一類是站著幹工作。躺著過日子的人，感到身體舒服，可寶貴的生命在舒服之中失去了光澤，做人的精神在舒服之中消磨了銳氣；站著幹工作的人，付出代價，而生命在付出中換來了輝煌，精神在付出中換來了不朽。雖然躺著享清福的人不受勞累，但他的生命會在不活動中漸漸失去活動的能力，到那時，即便他想忙碌一下活動手腳，也已無能為力了。在本煥長老眼中，這種躺著過日子的人會無聊得使自己不像活著。

對於人們來說，工作不僅具有經濟上的意義，還有心理上的意義。人們有時會放下一切出去旅行，但不會放下一切只顧旅行。如果問人們：「中了500萬大獎，你會做什麼？」可能有大部分人會說辭職。如果追問他們辭職後想做什麼，大部分人的回答又會通通回到做自己喜歡的事上。

有的想出國旅行，休息一陣子；有的想遊學充電，回味一下學生生活，但做完這些事情後，他們還是想要有一份工作。可見，工作的目的並不單純為了賺錢，否則眾多富豪，早就可以收山養老了。

現代人工作忙碌，理應倍感充實，但職場中的人往往感覺不到生活的重心在哪裡，內心常常覺得空虛無聊，多樣化的娛樂便成了暫時的麻醉劑，麻醉時間一過，空虛感又會襲來。從這一點來說，善於忙碌，首先要找到能讓自己甘心忙碌的工作。

工作是為了體現自己的價值，而做自己想做的事情，無疑是最開心地體現自身價值的方式，沒有勉強、沒有逼迫，在無拘無束的快樂心情中實現自己的價值。哲人曾說：「工作如果是快樂的，那麼人生就是樂園；工作如果是強制的，那麼人生就是地獄。」能從工作中找到樂趣，也是善於忙碌的一種。

那麼應該怎樣在工作中培植快樂呢？簡單說來就是不把工作當飯碗，像菩薩、佛陀勤苦度眾一般，抱著度己、修行的心工作。忙碌工作中，緊張匆忙的是身體，不是心靈。快速變換步履的身體裡應該安放一顆淡定、有序的心，能夠排除外界干擾，按照自己最初的計畫，推進工作。倘若內心被外界的緊張所干擾，一有問題就著急慌亂，不能保持沉著，自然就會被繁多的事務牽著走。相反，在腳不沾地的匆忙中，能做到心態上的遊刃有餘，忙中有秩序，有秩序地忙，自然不會紛亂。

孝道不能等，父母恩必須報

1948年3月，已在上海普濟寺修行半年的本煥長老突然接到家人來信，說母親病重，讓他早日回家見上母親一面。本煥長老匆忙辭別寺中師父、師兄，趕回離開二十多年的家鄉——湖北新洲。因為他當時已是佛家中人，所以即便回到家鄉，也沒有落腳家中，而是借宿在報恩寺結夏安居，每天徒步往返30華裡，白天在家照顧母親，為母親端湯送藥，夜晚回到報恩寺，為母親誦經祈禱。

這年9月，本煥長老的孝心沒有挽留住體弱病危的母親。在母親去世後，本煥長老借用一間祠堂連續三天抄寫《金剛經》。隨後他以臂為燭，以肉體為燈，送母親往生極樂世界，報答慈母的養育之恩。本煥長老晚年，每當捲起袖子，就可以看到其燃臂時所留下的印記，那印記不是一處兩處，而是整個手臂幾乎沒有一處好的皮膚。

後來本煥長老去拜見虛雲和尚，虛雲和尚提起這件事，問道：

「本幻（當時還未更名為本煥），燃臂做什麼？」

「為孝母親。」

「痛不痛？」

「痛則痛，不知受者誰。」

「那主人在哪裡？」

本幻抬頭望瞭望天說：「方在虛空，不見面目。」

聽了本幻這番答覆，虛雲欣慰，便將臨濟宗第四十四代法脈傳給了本幻，囑咐他出家後要弘法利生為重。

半個多世紀過去後，有記者再次問，本煥長老燃臂孝母痛不痛，他依舊十分淡然地說：「什麼痛不痛，『色殼子』（身體、臭皮囊）是個生滅的東西，不過是用這個功德報父母生養的恩德。」

無論何時，報父母恩德的心始終不曾在本煥長老心中有所動搖過。他說：「父母恩德難報，但一定要報！」佛家講大慈大悲，基礎其實源於孝道。

佛教經典中所闡述的父母養育孩子的十種恩德就講：「第一，懷胎守護恩；第二，臨產受苦恩；第三，生子忘憂恩；第四，咽苦吐甘恩；第五，回幹就濕恩；第六，哺乳養育恩；第七，洗濯不淨恩；第八，遠行憶念恩；第九，深加體恤恩；第十，究竟憐滑恩。」這段話即是開釋，在淨業之前，先回報親恩。

淨業三福中有：「孝養父母，尊重師長，慈心不殺，修十善業。」第一句就是「孝養父母」，可見「孝」在佛教中何其重要。孝心是做人的基礎，孝心是學佛的起點，連父母都不關心的人，很難想像能給別人多少愛，能為社會付出什麼。

一個年輕人，家裡很窮，他和母親生活在一起。年輕人很信佛，總是很虔誠地對待佛，卻對母親的勞苦不以為然。母親為了生活總是披星戴月地勞作，但年輕人不屑勞作，一心追求著他心中的佛。後來年輕人聽人說遠方山裡的寺院有一個老方丈知道佛的真諦，便涉水攀山，千里迢迢來到寺院找到了老方丈。老方丈告訴年輕人：「肯為你光腳開門的人，就是你欲找的佛。」

年輕人開始了漫漫征途，尋找那光腳肯為自己開門的佛。他路遇了很多的寨子，投宿了不少的村莊。一日又一日，一月又一月，一年又一年，可就是沒有肯為他光腳開門的人，許多時候年輕人被藐視為齷齪的乞丐攆出門。年輕人對佛的追求開始動搖了，失望了。他開始無比想念自己的家，想念自己不辭而別的母親，幾年不見，母親不知怎樣了。

一天深夜年輕人趕到家中，輕輕呼一聲：「娘！」門便開了，母親沒有一聲抱怨，說道：「我的兒，你可回來了，為娘好想念你。」這時年輕人低頭看到了母親光著的腳緊緊貼在冰涼的地面上。這時年輕人不禁悔恨起來，原來世間除了父母，沒有幾個人能光著腳為自己開門。這份光腳的情意，正是父母愛之深切的表現。

人人都是子女，人人都受過親恩。不能事親，焉能成佛？不僅不能成佛，連做人都做不了。

孝敬父母，是一個人應盡的義務和責任。孝敬父母、報父母養育恩德是現在時，現在不做將來就有可能留下遺憾。

曾經有個富翁捧著母親的靈位請求法師為他死去的母親做一場法事，要求寺院裡所有修行的和尚都來禱告，他還口口聲聲地說：「無論花多少錢都願意。」

法師看著他說：「請你告訴我令堂大人生前做了什麼善事，我好為她寫悼文。」

富翁說：「我父親死得早，母親含辛茹苦將我拉扯大，省吃儉用供我讀書，本來日子好過點，想把母親接過來，還沒來得及，母親就去了。」

法師點頭，問道：「你今年多大了，工作多少年了？」

富翁說：「我今天五十有三，工作三十年了。」

方丈說：「為什麼現在才想起來把令堂大人接過去呢？」

富翁愣了一下，說：「我本想等家裡再富一些，再把母親接過來過更好的日子，可是……」

法師見富翁有些哽咽，沒有停止發問：「對母親大人來說，什麼才是好日子？好吃好穿還是跟你一起生活？」

富翁低頭不語。法師手撚佛珠：「活著的時候不好好報答，死後何必折騰？施主還是請回吧！」

法師的回絕不是因為他心中不念惜富翁的悔恨，而是因為他想讓富翁知道，遲到的孝心和悔恨於挽回母親的生命是徒勞的。

而現實生活中很多人總在說，等到有錢有時間了，一定要好好孝敬父母，年輕人可以等待，父母卻不能等待。在不經意間，父母已經漸漸變老。親情很多時候不能等待。不要等到想孝敬時，父母都已經亡故而讓自己空留遺憾。

日常生活中，我們奉行孝道，需付出現時的關愛，時時處處關心父母，在報答他們的養育之恩的同時，也讓父母享受到一份天倫之樂。孝順父母也不只是看物質，「精神贍養」更為重要，多回家陪陪老人、吃一頓飯、說一會兒話、甚至一個電話、一個微笑、一句問候都能讓他們開心半天，都會讓他們覺得無比溫暖和欣慰。

珍惜生，也不怕死

一日，弟子向神山僧密禪師請教：「請師父談一談生死之事。」

僧密禪師說：「你什麼時候死過？」

弟子說：「我不曾死過，也不會，請師父開示。」

僧密禪師說：「你既不曾死過，又不會，那麼，只有親自死一回方能知道死是怎麼一回事。」

弟子大驚：「難道只有親歷才能知道生死之事嗎？」

僧密禪師說：「相傳六祖慧能禪師彌留之際，眾弟子痛哭，依依不捨，大家都將他視為再生父母。六祖氣若遊絲地說：『你們不用傷心難過，我另有去處。』弟子開悟：『原來，生死只是里程碑！』」

好一句「另有去處」，這種勘破生死、看透生死的智慧，令人動容。既然只有死過才可談死，那麼，又何必在活著的時候對死亡念念執著？古人說「未知生，焉知死」，這便是看透生死之後仍然樂觀、積極面對人生的勇氣。

在佛的眼中，生死只是一座里程碑。生不是起點，死也不是終點。本煥長老作為當下知名的長壽高僧，常被問及對生死問題的看法。而他常常這樣的回應：「對於生死，我不想走，誰也拿我沒辦法；我想走，誰也攔不住。」生與死在他眼中，不是一個固有的事實，而是從心所欲的存在，他的心念可以在二者之間自由穿梭，不為之所束縛。

人們總是問佛陀：「佛死了都到哪裡去了呢？」佛陀總是微笑著保持沉默。

但這個問題一次又一次被提出來，於是佛陀對弟子說：「拿一支小蠟燭來，我會讓你們知道佛死了到哪裡去了。」

弟子急忙拿來了蠟燭，佛陀說：「把蠟燭點亮，然後拿來靠近我，讓我看見蠟燭的光。」弟子把蠟燭拿到佛陀的面前，還用手遮掩著，生怕火被風吹滅，但佛陀訓斥弟子說：「為什麼要遮掩呢？該滅的自然會滅，遮掩是沒有用的。就像死，同樣也是不可避免的。」

佛陀吹滅了蠟燭，問眾弟子：「有誰知道蠟燭的光到哪裡去了？它的火焰到哪裡去了？」弟子們你看著我，我看著你，誰也說不出來。

佛陀說：「佛死就如蠟燭熄滅，蠟燭的光到什麼地方去了，佛死了就到什麼地方去了，和火焰熄滅一樣，佛死了，他也消滅了。他是整體的一部分，他和整體共存亡。」

在佛家看來，死去的只是人的軀殼，真正的生命則是綿延不斷的。佛雖然死了，但佛法不會死，人世的種種道理也不會死，精神也是不滅的。好的終究有人繼承，壞的終究被人拋棄。人有生老病死，然則，一切天理循環還是在那裡。所以，「生，未嘗可喜；死，也未嘗可悲」。

「落紅不是無情物，化作春泥更護花。」樹葉落下了也不是死，而是化作春泥，繼續滋養新的樹葉生長。生與死都是過程，而害怕死亡的人，總認為死亡意味著虛無，因此「活著的意義」只是一個偽命題。

因為畏死，所以不肯好好活著；因為沒有活出價值，所以害怕死亡。人不僅怕死，而且害怕活著。因為每一場生的對面，都站立著死亡。死亡好比一個虎視眈眈的野獸，時刻準備著吞噬生命。因此，有人活得膽顫心驚，有人活得縮手縮腳，還有人活得渾渾噩噩。

活著多麼可怕，有那麼多的痛苦要承受，有那麼多的未知在等待，忍耐了這些之後，還要走向一個虛無的終點。但是試想一下，如果能活出一場精彩的人生，無論何時回首都不會感到悔恨，無論何時失去生命都不會覺得遺憾，那麼，又何必在乎人生的痛苦，死亡的威脅？

佛陀說：「我們今天就必須進行精修，因為明天太遲了，無法預料。因為死亡是無法預料的，所以不能跟它討價還價。」在死亡到來之前好好活著，不畏生，不懼死，這才是對生死的真正了悟。

大德高僧們對生命通常有著深深的喜悅，因而留下了「華枝春滿，天心月圓」的感悟。他們在面臨死亡的時候，往往不懼不畏，安然視之。這些大德高僧留給後人最好的福澤莫過於對待生命與死亡的態度：珍惜生，但並不畏懼死。

活都不怕，又何必怕死？人真正需要超越的不是生死，而是心中劃分的不可逾越的生死鴻溝。有死的世界並不可怕，可怕的是沒有死的世界。沒有死，生者何以知生？人之生必然相伴於死，每個人從生下來的那一刻開始，便步入了走向死亡的過程。每個人都需要珍惜這僅有的一次生存權利，盡情綻放生命。

每天向前，踏踏實實過一生

古人說，一寸光陰一寸金，寸金難買寸光陰。生命也誠如這難買的光陰，一旦逝去，無法挽回。「是日已過，命則隨減；如少水魚，斯有何樂？」世事無常，生命的消逝似乎總讓人充滿了消極悲觀的情緒，可是你看那些生活在淺水中的魚，即使水越來越少，它們也快樂，因為，魚和水每一次相逢，都是適得其所，即使死亡就在眼前，也可以活得快樂。

不如意事十常八九，可與人言無二三，生活總是如此。世事並非一帆風順，但人仍然要在這不如意中度過幾十個寒暑。人與人生命的長度大致相同，但寬度大相徑庭：撐著不死，還是好好活著，表面看來沒什麼區別，實質卻大不一樣。

大熱天，禪院裡的花被曬萎了。

「天哪，快澆點水吧！」小和尚喊著，接著去提了桶水來。

「別急！」老和尚說，「現在太陽曬得很，一冷一熱，非死不可，等晚一點再澆。」

傍晚，那盆花已經成了「梅乾菜」的樣子。

「不早澆……」小和尚見狀，咕噥道，「一定乾死了，怎麼澆也活不了。」

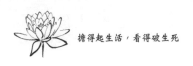

「澆吧！」老和尚指示。

水澆下去，沒多久，已經垂下去的花居然全站了起來，而且生機盎然。

「天哪！」小和尚喊，「它們可真厲害，憋在那兒，撐著不死。」

老和尚糾正：「不是撐著不死，是好好活著。」

「這有什麼不同呢？」小和尚十分不解。

「當然不同。」老和尚拍拍小和尚，「我問你，我今年八十多了，我是撐著不死，還是好好活著？」

小和尚低下頭沉思起來。

晚課完了，老和尚把小和尚叫到面前問：「怎麼樣？想通了嗎？」

「沒有。」小和尚還低著頭。

老和尚嚴肅地說：「一天到晚怕死的人，是撐著不死；每天都向前看的人，是好好活著。得一天壽命，就要好好過一天。那些活著的時候天天為了怕死而拜佛燒香，希望死後能成佛的人，絕對成不了佛。」

說到此，老和尚笑笑：「他今生能好好過，卻沒好好過，老天何必給他死後更好的生活？」

對於禪院裡的花來說，「和尚沒澆水」的現實雖然很不如意，但那是和尚的事，「好好生長」才是它自己的事，這盆向前看的花，得一天壽命，便好好過一天，真正理解了生命的意義。

「對酒當歌，人生幾何。譬如朝露，去日苦多。」曹操在《短歌行》中就曾感嘆人生苦短，要及時行樂。延伸開來，就是告誡我們人生苦短，要好好把握每一個時日。本煥長老警醒世人：「一定要記住這一點，『失人生者如大地土，而得人生者就如掌上土』，所以人生很難得，很難得。就向大海裡撈針一樣，就這麼艱難。可是失去人生就太容易，太容易了！」

我們一生的所作所為，決定了去世時的模樣。人有「來」的一日，必有「去」的一天，生死是逃不了的兩重關卡，但生命的意義由人自己決定。我們完全可以將生命真正地把控在手中，把每一天都過得無比充實。

然而大多數時候，人都很少會想到要把每一天過得如何有意義，如何快樂，而是周密而細緻地盤算，權衡著可能有的各種收益與損失。

或許，每個人都該問問自己：「我這一生到底做了什麼？」

每個人來到世間，都有需要完成和學習的東西，也有需要發現的人生最寶貴的事物。認真地活，才是對生命最大的尊重。人的生命只屬於自己，於他人而言，只存在著羈絆的關係，任何人也無法替我們來決定命運。

一位佛學大師說：我們生來難道就是為了和世間的人相聚團圓的嗎？難道就是為了在出生的時候聽到他人的歡喜大笑，在死的時候聽到別人為自己痛哭流涕嗎？必然不是。來到這人世間，我們是要發揮自己的價值，投入到人群當中，融入到社會當中，發揮自己的熱量。

好好活著，因為在死亡面前，我們別無選擇。無論什麼時候走到生命的盡頭，都應保持向前的姿勢，不論如何，寧可忙碌踏實地走一回，也不要在人生結束的時候交白卷。

笑著別離，死是回家

古人說：「死生是大事。」因此當生命走到盡頭的時候，人們通常都很講究臨終的種種禮節，也就是所謂的臨終關懷。當然，這是很正常的事，不管是誰，當他獨自面對死亡的時候，都會有一種對於未知的恐懼和對現實世界的留戀。人無法去阻止死神的腳步，留住生命，卻可以讓生命死得有尊嚴，讓生命在關懷與溫暖中平靜而安詳地逝去。

也就是說，給死者臨終前和死後的各種安排，是一種對死者的尊重。但是，對死者而言，死亡難以避免，無論他得到多大的尊重，也不能讓死亡改變來臨的形式。本煥長老在臨終前留下遺言：「生歸叢林死歸塔，燒了乾淨。」在世間走一遭，如同「萬花叢中過，片葉不沾身」，清淨地來，清淨地走。長老對生死的超然和灑落，發人深省。

死亡不過是一段新的旅程，把生命的一次結束當成是另一段生命旅程的開始，這種想法不但豁達、開朗，而且把生命的價值在時間、空間上進行了拓展和延伸。

面對生命，超脫的人並不認為活得很痛快，也不認為死得很痛苦，對於他們來說，生死已不存在於心中。「生者寄也，死者歸也。」活著是寄宿，死了是回家。明白了生死交替的道理，就懂得了生死，也便不再懼怕死亡，並能把死前的每一刻過得更有價值，更有尊嚴。

宋朝德普禪師性情豪縱，幼年隨富樂山靜禪師出家，18歲受具戒後，就大開講席弘道。兩川緇素無人敢於辯難，又因其為人急公好義，時人譽稱他為義虎。

宋哲宗元祐五年（1090年）十月十五日，德普禪師對弟子們說：「諸方尊宿死時，叢林必祭，我以為這是徒然虛設，因為人死之後能否吃到，誰能知曉？因而，我若是死了，你們應當在我死之前先祭，容我吃到，受了眾人的供養，再行坐化。今覺即將坐化，從現在起，你們可以為我辦祭了。」

眾弟子和信徒以為他在說笑，就笑著問他：「禪師幾時坐化呢？」

德普禪師說：「等你們依序祭完，我就決定去了。」

從這天起，寺廟上下真的煞有介事地為禪師坐化做準備。弟子們將帷帳寢堂設好，禪師坐於其中，弟子致祭如儀，逐一為禪師上香、上食、誦讀祭文，禪師也心安理得地一一領受饗餮。

弟子們祭拜完畢，也為各方信徒排定日期依次對禪師進行悼祭，並上供養，直到元祐六年（1091年）正月初一日，經過四十多天，大家這才祭完。

於是德普禪師對大家說：「明日雪霽便行。」

此時，天上正飄著鵝毛般的雪花。到了次日清晨，雪忽然停止，德普禪師焚香盤坐，怡然化去。

德普禪師如同遊戲人間般的死法，令世人不勝欷歔。生和死由不得人，何不拋開生死，全心全意活在此刻，安心接受別人的供養，大吃大喝，開心上路？

在本煥長老圓寂的前三個月，他曾笑著對一位居士說：「我要走了，我要回家了。」說這句話時，長老用手指著天上。他還不止一次地指著天上最亮的那顆星星對身邊的人說：「我將到那裡去。」對長老而言，死是回家，因此他能夠坦然微笑，面對即將到來的大限。

人向來都是輕死貴生的，不少人因為懼怕死亡，而活得渾渾噩噩，錯過了生活中的種種好事，也顧不上在有限的時光裡好好享受一切，對死擔驚受怕，對死後的種種而擔心不能死得其所——與其如此，不如用一種超脫、達觀的態度去面對人生寂滅，把生當作一段開開心心的旅行，把死當作一場遊戲，減輕生存的壓力，活得歡喜自在。

不必天天為生老病死而恐懼不安，或對於家庭親朋甚至世間的虛華富貴有所不捨，人生不過是一期一會，每一天都可能是一生的最後一天，我們和身邊的親人朋友天天見面，但每一次會面都有可能是此生的最後一次，既然如此，何不每一天都過得開心，最後笑著別離呢？

本煥長老大事記

＊1907年9月21日，本煥長老出生在湖北省武漢市新洲區西張灣村。家境貧寒，唯具慧根，勤奮好學，年僅12歲就讀完了四書五經。後到武昌當印刷徒工，不久又到新洲倉子埠當雜貨店學徒。當時政府腐敗，外侮內患，社會動盪，民不聊生。本煥長老深感世事無常，漸萌脫俗之念，常到倉子埠報恩寺，聽傳聖老法師講經說法，隨立志潛心向佛，追求人生真諦。

＊1930年1月15日，本煥長老勝緣成熟，毅然割愛出家，投報恩寺禮傳聖老法師披剃出家，賜法名本幻。從此過著芒鞋布衣，刻苦修行的生涯。

＊1930年4月8日，傳聖法師念其專心苦修，為令其早成正果，破例送他到武昌寶通寺禮持松大和尚圓受具戒。從此清淨自修。

＊1930年7月，本煥長老為深入修行，前往江蘇省揚州高旻寺參拜來果老和尚為依止師。

＊1934年，本煥長老參加打八個禪七後，又連續打五個生死七，九十一個日日夜夜，禪坐靜思堅持不倒單。為防止倒單，他仿效古人「頭懸樑」的辦法，用繩子一頭套於下巴，一頭系在梁上，苦修禪法，深得來果老和尚讚許，相續以任維那、後堂等職，成為高旻寺最年輕的執事。

＊1937年1月，本煥長老發願赴山西五臺山文殊菩薩道場參學精進。從揚州經武漢乘火車至河北定縣，從定縣到五臺山下，全長三百餘公里，他堅持三步一拜，櫛風沐雨，日行三華裡，歷時四個半月到達五臺山，繼而又三步一拜朝完五個台頂，行程四百餘華裡，歷時三個多月，雙腳腫起，膝蓋上跪出層層厚繭，但心中充滿歡喜。後於五臺山碧山寺（又名廣濟茅蓬）落腳修行。

＊1939年4月8日，本煥長老在碧山寺與壽冶、法度、因修、淨如等師兄弟，同時接廣慧老和尚的法，繼承臨濟法派，續佛慧命。在這一年，擔任碧山寺的監院，管理寺務。

＊1941年，抗日戰爭時期，五臺山已是八路軍抗日遊擊區，本煥長老堅決擁護八路軍救國救民的抗日方針，支持八路軍的抗日活動。有一次，八路軍裡有一個營長在執行任務時，被日軍發現緊追不捨，情況十分緊急，本煥長老果斷地將該營長藏於寺內，自己不顧生命安危，與日軍周旋，巧妙地支走了日軍，事後得到了八路軍的讚揚。

＊1942年10月—1945年7月，本煥長老在五臺山棲賢寺閉關三年，閱讀《大藏經》等100餘卷並連續放焰口一千台，超度抗日陣亡將士。

＊1946年，本煥長老至山西萌縣淨土寺結夏安居，在這時又刺舌根血為墨，先後抄寫完了《楞嚴經》十卷，《地藏經》三卷和《普賢行願品》等十九卷經文，共二十餘萬字血經，夜間連續放焰口百台。至今保存一卷5952字的《大方廣佛華嚴經普賢菩薩行願品》，並奉為日課，在百餘歲時仍堅持朝晚必讀數遍，令人敬仰。

＊1947年3月，為保護現存於五臺山藏寶樓中的珍貴文物—華嚴經字塔，本煥長老在五臺山苦修十年後離開碧山寺，經北京、天津，將華嚴經字塔送上海碧山寺下院，交與壽治、法度兩位師兄手中保存。

＊1948年1月，本煥長老因母病危，由上海回湖北新洲報恩寺。一方面侍母湯藥，一方面在報恩寺放一百台焰口，為母親消災延壽。母親去世後，就在母親墳旁搭一靈堂，燃臂為燭，日夜誦《地藏菩薩本願經》，守孝四十九天。

＊1948年7月，本煥長老應中國近代高僧虛雲老和尚邀請來到廣東省韶關的南華寺，南華寺是六祖慧能弘揚「南宗禪法」的道場，向有「祖庭」之稱。本煥長老接法於虛雲宗下，成為臨濟宗第四十四代傳人。虛雲老和尚將「本幻」改為「本煥」。

＊1949年4月，本煥長老升任南華寺方丈，時年111歲高齡的虛雲老和尚由雲門寺步行百里來為之送座。

＊1958年7月，本煥長老不幸蒙冤入獄。

＊1980年3月，本煥長老告別鐵窗重歸山門。

＊1980年，仁化縣政府禮請本煥長老到該縣丹霞山恢復別傳寺。別傳寺創建於明末（1663年），興於清初，毀於民國。本煥長老來到丹霞山后，面對一片殘垣斷壁，佛像被毀，名剎荒廢，不禁黯然淚下。經過四年的苦心勞作，募化人民幣九百餘萬元重修殿堂五千餘平方米，還修復了澹歸

墓、浮屠塔等重要文物。1984年4月8日別傳寺舉行了落成暨佛像開光典禮。1986年3月和10月，中國佛教協會趙朴初會長和時任廣東省省長葉選平分別在視察別傳寺時，高度讚揚了本煥長老重修別傳寺之功德。

* 1983年，本煥長老親自到深圳選定在梧桐山，打算在這裡建立弘法寺。1985年7月1日，弘法寺大雄寶殿舉行了奠基典禮。1990年，為了使特區內這座唯一的佛教道場早日建成開放，本煥長老親任修建辦主任，同時從韶關丹霞山別傳寺選派13名法師到弘法寺，從此弘法寺點燃了佛祖的傳燈，晨鐘暮鼓，法音梵唄，傳播人間。1992年6月18日，弘法寺舉行了佛像開光，方丈升座典禮，本煥長老被選定為弘法寺的開山方丈，並正式對外開放，成為深圳唯一的佛教活動場所。在本煥長老的領導下，經過短短的六、七年時間建設，已募化籌資4100多萬元，完成建築面積1.4萬多平方米，弘法寺已建設成為深圳特區內一座規模宏大的佛教叢林。

* 1986年12月，本煥長老奉中國佛教協會和廣東省宗教局禮請為廣州光孝寺首任方丈，並擔重修光孝寺之重任。

* 1988年，本煥長老在湖北新洲重修報恩寺，此寺原址在倉子埠集，現重建於道觀湖畔。1994年建好，籌資1千多萬元，完成建築面積約6千多平方米，重修的報恩寺，顯得更加雄偉壯觀，成為江夏名剎。

* 1994年9月21日，本煥長老回到祖庭歡度87歲生日。同時，舉行了佛像開光、方丈升座、水

陸法會。前來祝賀、參觀、敬香的人士，成千上萬，一時轟動新洲城鄉。

*1989年12月舉行了重修光孝寺奠基儀式，省委郭榮昌副書記、省政協陳子彬副主席、省佛協雲峰會長親自陪同本煥長老一起揮鍬動土，奠基樹碑。本煥長老為光孝寺的修復工作傾注了大量的心血和精力，駐錫光孝寺10年，收回房地產面積3.1萬多平方米，重建、擴建寺廟建築面積1.5萬平方米，總投資800餘萬元。經過10年的艱苦努力，光孝寺已經光復重建成為一座佛教名剎。

*1993年7月，出訪澳大利亞，曾教授墨爾本居士林全體信眾禪修的具體方法。

*1995年4月，出訪泰國，受泰國國王接待。

*1995年5月，接受中國臺灣悟淨寺輝禪法師和大覺寺真道、道明法師邀請訪問臺灣，參觀了中台寺、靈泉寺各大老業林。訪問期間還在大覺寺傳臨濟法派於惟覺大師。後又在靈泉寺傳授禪規，現編成《禪堂開示》，成為業林學禪規範。

*1995年12月，本煥長老重建四祖正覺禪寺。正覺禪寺由禪宗四祖道信禪師創建於唐武德七年（624年），有1400多年的悠久歷史，雖幾經修復，但仍毀於清末。如今僅存四祖殿一間和幾株古柏樹。蒙各級政府支持，各方人士相助，重建正覺禪寺，於1995年12月動工，至2000年6月止，僅四年多的時間，建成殿堂、僧寮等建築面積約1萬3千餘平方米，營建造價4500多萬元。為弘揚四祖宗風，本煥長老於1999年12月創辦《正覺》刊物。弘揚佛教文化，奉獻社會，造福人間。

*1996年，本煥長老於光孝寺完成山門、千佛殿、回廊工程後，於1996年4月8日退居。

＊1996年6月，出訪德國、法國、盧森堡、比利時、荷蘭、義大利、丹麥、梵蒂岡等國家，每到之處，都得到信眾的熱烈歡迎。

＊1996年11月，本煥長老重建廣東南雄蓮開淨寺尼眾道場。他一生建了好幾座道場，唯見諸多尼眾披度無處安身修道，悲心切切，遂發願重建蓮開淨寺。於1996年11月8日大雄寶殿動土開工，至1999年12月全面落成，完成建築面積約7千多平方米，營建造價2500多萬元。

＊1998年8月長江流域水災，本煥長老親自帶頭捐款10萬元，率領弟子募捐總計70餘萬元。

＊1999年3月，本煥長老在廣東城郊珠璣古巷開山新建大雄禪寺，占地面積約4萬5563平方米。有大雄寶殿、頭山門、鐘鼓樓、客堂和功德堂等建築。大雄禪寺是南粵最大的叢林之一。

＊2003年非典期間，本煥長老向國家民政部捐款130萬元。

＊2003年5月，本煥長老發心由弘法寺向深圳社會福利院12名急需心臟手術的殘疾兒童捐助32萬元。

＊2005年5月，本煥長老主持弘法寺舉行募捐活動，分別向河北廊坊孤兒院捐贈善款10萬元；為深圳重病患者叢飛募捐善款5萬多元；為廣東五華縣白血病患者江楡募捐善款11萬元。

＊2005年7月，本煥長老代表弘法寺經羅湖區民政局向廣東災區捐款50萬元，自己同時捐款2萬元。

＊2005年10月，本煥長老壽辰當天，向深圳市青少年發展基金會捐款10萬元，用作資助99名貧

困學生完成學業。

* 2005年11月，在本煥長老的帶領下，弘法寺向災區、貧困區捐贈善款40萬元，棉被1千條。
* 2005年12月，本煥長老代表弘法寺向將於2006年4月在杭州舉辦的「世界佛教論壇」獻禮的佛教交響樂《神州和樂》創作、演出捐款100萬元。
* 2006年6月，本煥長老主持弘法寺為深圳大學患白血病的大學生賴輝通募捐善款6萬多元。
* 2006年11月，本煥長老在百歲壽誕之際，向深圳青少年發展基金會捐款50萬元，用於幫助深圳300名貧困學生。
* 2007年1月，本煥長老主持的「慧燈長明」捐贈儀式在深圳弘法寺正式啟動。
* 2012年4月2日，本煥長老於凌晨零點36分在深圳弘法寺安詳示寂，世壽106歲。

李宗吾 原著 定價：300元　李宗吾 原著 定價：300元　李宗吾 原著 定價：300元

世間學說，每每誤人，惟有厚黑學絕不會誤人，就是走到了山窮水盡，當乞丐的時候，討口，也比別人多討點飯。厚黑學這種學問，原則上很簡單，運用起來卻很神妙，小用小效，大用大效。知己而又知彼，既知病情，又知藥方。讀過中外古今書籍，而沒有讀過李宗吾「厚黑學」者實人生憾事也！

——林語堂

李宗吾 簡介

李宗吾(1880--1943)，四川富順人，自幼聰明好學，博覽群書。他思想獨立，崇尚自由，富有懷疑和批判精神，敢於質疑和顛覆已有的結論和定見。1912年，他在成都《公論日報》連載《厚黑學》，大膽揭穿中國歷史上英雄豪傑成功的秘密，語言諷刺辛辣，觀點驚世駭俗，讀者譁然，轟動四川乃至全國。1934年，《厚黑學》單行本在四川和北京同時出版，成爲當時的暢銷書。

智慧中國系列

葉舟教授力作　暢銷十餘萬本

本書北京大學教授葉舟所精心製作的可藏於名山的大作，淺顯簡單易讀，是給國、高中生最佳的課外讀物，短期內提升國學程度的利器。

01-1	莊子的智慧--軟皮精裝版	葉　舟	定價：280元
02-1	老子的智慧--軟皮精裝版	葉　舟	定價：280元
03-1	易經的智慧--軟皮精裝版	葉　舟	定價：280元
04-1	論語的智慧--軟皮精裝版	葉　舟	定價：280元

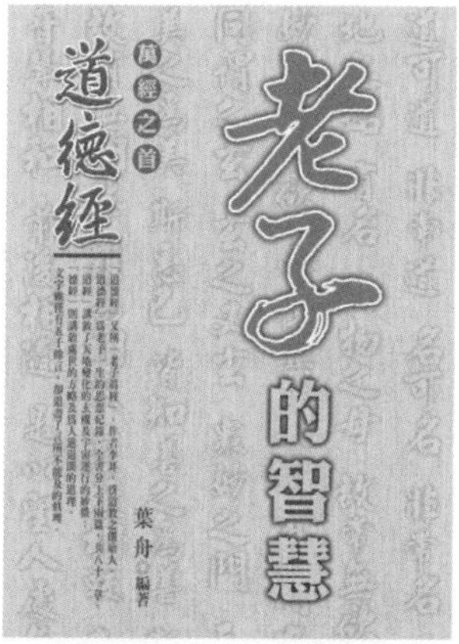

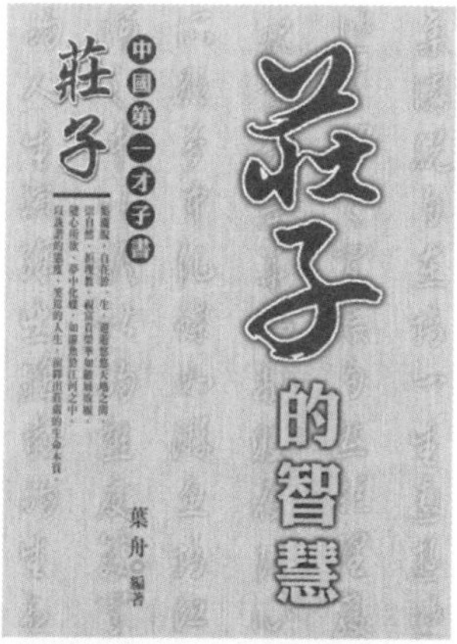

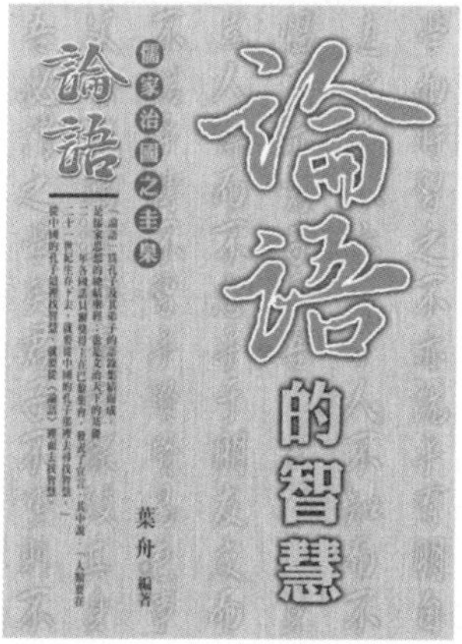

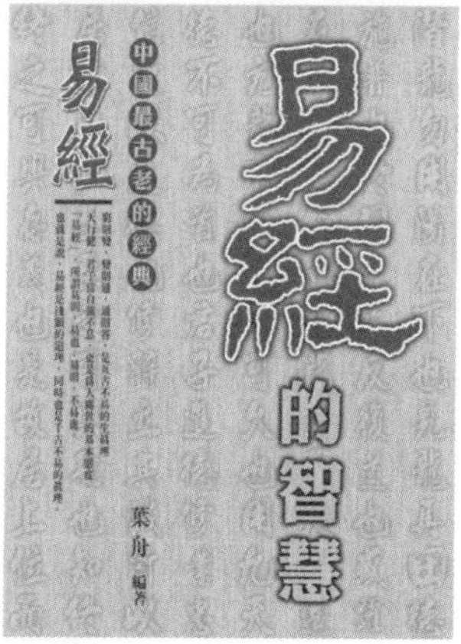

國家圖書館出版品預行編目資料

看得開放得下：本煥長老最後的開示 / 淨因

一版. -- 臺北市 :廣達文化, 2013.2

面 ; 公分. -- （身心靈成長：5)（文經閣）

ISBN 978-957-713-519-3(平裝)

1.佛教說法

225　　102000349

看得開 放得下
本煥長老最後的開示

榮譽出版：文經閣

叢書別：身心靈成長 05

作者：淨因 著
出版者：廣達文化事業有限公司
Quanta Association Cultural Enterprises Co. Ltd
發行所：臺北市信義區中坡南路路 287 號 4 樓
電話：27283588 傳真：27264126 E-mail：*siraviko@seed.net.tw*
劃撥帳戶：廣達文化事業有限公司 帳號：19805170

印 刷：卡樂印刷排版公司 裝 訂：秉成裝訂有限公司

代理行銷：創智文化有限公司
23674 新北市土城區忠承路 89 號 6 樓
電話：02-2268-3489 傳真：02-2269-6560

CVS 代理：美璟文化有限公司
電話：02-27239968 傳真：27239668

一版一刷：2013 年 3 月

定 價：300 元

本書如有倒裝、破損情形請於一週內退換

書山有路勤為徑

學海無崖苦作舟

文經閣

書山有路勤為徑

學海無崖苦作舟

文經閣